大阪のうまいもん屋

食の楽園徹底ガイド

森　綾

知恵の森文庫

光文社

この作品は知恵の森文庫のために書下ろされました。

『大阪のうまいもん屋』へ、いらっしゃーい

この本には、新旧いろいろの大阪の名店が軒を揃えております。

安い店は数百円から、高い店は一人2万円くらいかかるところまで、あえていろいろと並べてみました。使い道、一緒に行く人、懐ぐあいに合わせて、選んでいただくためです。

食道楽な生粋の浪花生まれの方にも、「USJができたから大阪でも行くか」という大阪以外の都道府県の観光客方にも、「大阪出張の楽しみはうまいもん食べるくらいじゃん」という健気なビジネスマンにも、まず「大阪のうまいもんの心」からわかっていただくべく、個人的なエッセイも書かせていただいております。

読んで笑うて食べて、なんぼ。

大阪では、うまいもん、けちったらあきまへん。

さあさあ、うまいが幸せ。

どなたさんも、大阪のうまいもん屋へいらっしゃーい。

CONTENTS

第3章　串揚げ

第4章　てっちり

第12章　「あまいもん」と「お持ち帰りー」

あまいもん

お持ち帰りー

●本文中の住所、価格等のデータは2001年7月現在のものです

プロローグ

食いだおれの大阪、といわれる。対して着だおれの京都で、私に言わせれば住空間にこだわる住みだおれの東京、といったところか。

とにかく「食いだおれ」である。それは大阪の伝統であった。なぜ、歴史的に食いだおれなのか。それは「着だおれ」よりも「住みだおれ」よりも、「食いだおれ」がまず手っ取り早くすぐに、自分の本能を満足させるからである。

おいしいもんをおなかいっぱい食べて「うまいなあ」「おいしいわー」と自分が高まってこそ、その後、またそういう至福を感じるために仕事をがんばろうと思い、「これを食べさせてくれる人」と一緒にいたいと思い、もっといえば、明日も生きていこうと思う。

しかし、その伝統的精神、いや人間的にもっとも基本で正しい精神が、今や壊れようとしている。

ちょっと見てちょうだい！（……と、いきなりおばちゃんになる私である）

ある大阪の情報誌で読者の若者たちはこんな「行きたい店」トップ3を選んだのだから。

1位　カプリチョーザ

2位　洋麺屋五右衛門

3位　サンマルク……

おいおい。

と、突っ込みたくなるトップ3である。全店、チェーン店だ。別に、まずいとか、行ってはいけないとは私は言わない。でも、本当に行きたいのか？　と、首をひねりたくなる。もっとおいしいもんが、大阪にはある。行きやすい店を「トップ3」と本に掲げて褒《ほ》め称《たた》えるよりも、もっと味覚が「やっぱり働かな」と動き出すような個性的な味を掲げて褒め称えてあげるべきではないのだろうか。

大阪の味は、均一化されたら、ダメになる。「私はこれがおいしいと思うねん」「ぼくは、あの店はあかんわ」という一人一人の強い主張があってこそ、細胞が活性化する脳のように大阪という街自体にも血が巡るはずなのだ。

情報に踊らされる彼らは、そのちょっと前の世代である30代中盤以降の世代が、バブル経済でおかしくなってしまったのを、反面教師にしてしまったのだろう。

確かに、それはちょっと申し訳ないことだ。長い長いローンでイタリア車に乗って故障地獄に陥ったり、会社のお金で昼間からフランス料理をコースで食べて肝臓を壊したり、クラブ（踊れないほうの）でおねえさんにタクシー券で「好きなとこ行ってもいいよ」と言ったら故郷に帰られたというような哀《かな》しいエピソードは、やはり真似《まね》するべきことではないからだ。

ただ、その狂った世代の下のほうの代表である私は、実感としてはそれを「悪かった」とは思っていない。個人の経験としては、やはり、いろいろ食べられてけっこうおいしかったと思うのである。きわめて庶民的に育った私にとって、贅沢《ぜいたく》は素敵であった。「おいしい」は成功とともにやってきたし、一緒に何かを達成してみんなでおいしいもんを食べる、という素直な習慣がグレードアップしていっただけのことだったから。

忘れてはいけないのが、何もバブリーでおいしいもんだけがよいのではない、ということだ。大阪には、安くておいしいもんがある。値段以上に味覚も心も満足させてくれる、おいしいもん。IT関連のお金持ちクリエイターから生活保護寸前のおっちゃんまで食べられる、おいしいもん。それが、大阪を救う、いの一番にして最終的なものなのである。

子供の頃、大阪の下町の台所・千林《せんばやし》商店街で育った私は「安くておいしいもの」をたくさん食べてきた。昭和40年代は、贅沢をしようにも選択肢がなく、ほとんどみんな、同じようなものを食べていたのかもしれない。

たこ焼き。

お好み焼き。

大判焼き。

てんぷら（魚のすり身を揚げたやつ）。

おうどん。

ちょっと、贅沢する時なら、すき焼き。まむし（うな重のこと）。押し寿司。

千林商店街の駅前のダイエー1号店の跡地にマクドナルドが初めて現れたのが、小学4〜5年生のときだったように覚えている。

立地条件のよさとめずらしさで、最初はすごくはやったが、そのうちなくなった。「そんなにおいしいもんでもないな。焼きたてのたこ焼きには勝たれへんで」という実感が、みんなにあったからだと思う。

この本を書くと言いふらしていた時、大阪の人々に言われた。

「それは、けっこう大変やで。みんなそれぞれ、こだわりあるからな」

では、私が勝手に愛する大阪のおいしいもんを、書こう。舌に感じて全身に広がるうま味と、唾液をじわっと染み出させるエエ匂いと、コリコリ、サクサク、ふわふわという食感を、書こう。そして、何よりも、おいしいものを食べることにまつわる、人と人とのうれしいこと、悲しいこと、いとおしいこと、ややこしいことまでも、書けたらエエのとちゃうかな。

そのために、章ごとに食べ物を設定し、まずその食べ物を思う個人的なエッセイをひとつ読んでもらって、それからお店ごとの味、その店の人々、雰囲気を紹介できるようにしようとたくらんだ。

読み終わったとき、そこへ出かけて、それを食べ、あなたもあなた自身のちょっとしたエエ話を味わってもらえたら、それも私の幸せだ。

一番の幸せは、おいしいもんをおいしい時に、おいしい人と味わえること。

この本を手にとってくれた日本全国のあなたに、大阪のうまいもんで、うまい話がやってくることを祈って。

2001年8月

森　綾

大阪うまいもん屋の正しい探し方

一、**高すぎる店を疑え**

たべもんがうまいのは大阪では当たり前。そして「えっ、ほんま」と驚く値段であってこそ、認められる。「いやっ、そんなに取るかいな」という値段の高い店は、何か勘違いしている

二、**ワン・モア・サービスを見逃すな**

大阪のうまいもん屋の根本精神は「ワン・モア・サービス」。フォークを落としたら「お箸使いはりますか?」とさりげなくもって来るのは店員としての常識。「デザートを盛り合わせてください」と言って「できません」という店には二度と行かない

三、**ソファーを目指せ**

レストランにせよバーにせよ、座り心地がいい椅子は、大阪のうまいもん屋の必須条件。また、常連になるほどソファーに案内される。口うるさそうな場合、暴れそうな場合も、ソファーに案内されることがある

四、メニューに物語があること

メニューを作らず、店主の口上で勝負するか、もしくは単行本ほどの濃いメニューがあるのが、大阪のいい店である。語りはすばらしいが、急ぐ時は誘い水をしないこと

五、顔が広いマスター（ママ）を信じろ

よい人脈を確保した人が成功するのが大阪のうまいもん屋。京都ほどではないが、いい思いをするには「○○さんに聞いたんです」などと常連の名前を出すのも正しい。ただし、常連とはいえ意外に嫌われていることもあるので、名前を出して裏目に出ることもある。また「顔が広い」ことを売りにしだした店はそこに依存してやばくなってきているので、行かないほうがいい

第　1　章

たこ焼き

「でんでんのおばちゃん」から

でんでん……でんでん……でんでん……でんでん……

そのやや割れたような安っぽい太鼓の音が聞こえてくると、小さい私は「おかあさん、10円ちょうだい」と言って、あわてて表に駆け出していった。

玄関の引き戸をガラガラ開けて道に出ると、斜め前のお寺の角のところにはもうたくさん子供たちが集まっていて、でんでんのおばちゃんの屋台が、よっこいしょと落ち着くところである。

「おばちゃん、私、10円で」

「ぼくとこ、30円分」

思い思いに、小さな手のひらが10円玉を握りしめて、屋台を囲む。

「はいはい、ちょっと待ってよ」

手ぬぐいをかぶったでんでんのおばちゃんは、無表情にたこ焼きを焼いていく。

熱くなった台にグリングリンと油を塗り、まずそこに、小麦粉をといた種をジャジャジャーと流し込む。間髪《かんはつ》入れず、そこにタコ、紅しょうがのみじん切り、天かす（東京でいう揚げ玉）、パラパラッと雑に桜海老を散らし、味付けの鰹《かつお》（あるいは鯖ぶしだったかも？）の粉をちゃちゃちゃっと振る。焼ける間に舟の用意。鉄板の穴の合い間に流れた種を切って丸く形作り始めたら、さあ、そろそろ、最初にひっくり返す時間がくる。

「ひっくり返すぞ」

ひさしの黄いろい野球帽をかぶった、どこかの男の子が言う。私は、息を飲む。背伸びしなければ、よく見えない。

カチャカチャカチャカチャ……

おばちゃんが早業《はやわざ》でたこ焼きをひっくり返していく。まだようやっと固まったばかりの白いたこ焼きが、ややふにゃっと頭を作る。

それにだんだん、焦げ目をまぶしていくわけだ。ジュージュー匂いがしてくる。

いーい匂いだ。

「おばちゃん、10円な」

たまらず確認する。10円で、確か3つだったと思う。

ほどよく焦げ目のついたたこ焼きは、舟にささっと盛られ、刷毛《はけ》で濃いソースを塗られて、青海苔をふられ、端っこのヤツに爪楊枝を突き刺して「はいどうぞ」と渡される。

「おおきに」

私は10円玉を離すやいなや舟と楊枝に同時に手をかける。口のなかには、もう熱いたこ焼きが、はほはほ入っている。

外はかりっと、中はふわっと。それが、たこ焼きの基本である。嚙《か》んだとたん、ふわふわと種が出てきて、舌があちち、と喜び、タコに出会って歯が喜ぶ。桜海老の塩味、鰹の粉のダシ。時々、皮の残りが舌に残って、指でさわると、きらっと光った。

喉《のど》もとをとおってしまうと、ソースの残り香、種の残した、少しの甘味。

手についたソースをなめると、さっき10円玉を握りしめていた匂いもした。

物心ついたばかりの子供だとはいえ、3個なんて、あっと言う間に食べてしまう。今のものよりも、サイズも小さかったと思う。

少し成長すると、6個まで許されたが、それ以上は「晩ご飯を食べなくなる」という理由で禁じられた。私は、早く大きくなって、1000円分くらい食べてみたい、といつも思っていた。

でんでんのおばちゃんは、週に3回はやってきた。あまり愛想はよくなく、無表情だったけれど、私は優しい人だとわかっていた。

誰の10円玉を受け取る時も、おばちゃんはいつも「おおきに、ありがとう」と言ってくれたから。

秋と冬はたこ焼き。春はべっこう飴《あめ》。夏はわらび餅とベロベロをもってきた。ベロベロというのは、小判状の透明の物体で、ものすごい魅力的なピンクと黄緑とに着色してあるお菓子だった。葛《くず》でできていたのか、寒天だったのか、よくわからない（正体を知っている人は、編集部までご一報ください）。我が家では「チクロが入ってる」と決め付けて、これも禁止の食べ物であった。私は、早く大きくなって、ベロベロも1000円分くらい食べてみたい、と思ったものだった。

「おばちゃん、ベロベロちょうだい」

母親がいない時に、言ったことがある。すると、でんでんのおばちゃんはたこ焼きをひっくり返しながら、静かに言った。

「……おかあちゃん、怒れへんか」

私は、びっくりした。そして、訂正した。

「やっぱり、わらび餅」

でんでんのおばちゃんは、笑って、わらび餅を包んでくれた。

私はそのことを、親には言わなかった。おばちゃんも、私の親に言いつけたりしなかった。

そのおばちゃんが、どれくらいの間、屋台をひいていたのか、私には定かではない。

ただはっきりと、別れの日だけは、覚えている。

それは、たこ焼きの季節だった。

でんでん……でんでん……でんでん……でんでん……

いつものように、おばちゃんの周りには、子供や、それに付き添った親が、集まってきた。

おばちゃんはいつものようにたこ焼きを焼き、ささっと舟に載せて、お金を受け取る時には

「おおきに、ありがとう」と言った。

その日、私は母親と一緒にいた。おばちゃんは、私の母親にお釣りを渡す時に、あまりに

もさりげなく言った。

「もう、やめますねん」

母はびっくりして言った。

「いつまでですのん？」

「今日で」

おばちゃんは、淡々としていた。私はわけがわからず、たこ焼きの舟を受け取った。

「おばちゃん、今日で終わりやねんて」

「なんで？……なんで？……」

その時、私はなぜかその理由をおばちゃんに聞いてはいけないような気がして、母の顔に訴えかけた。母は「なんでって……」と、おばちゃんの顔を見たが、おばちゃんは、黙って次の舟にたこ焼きを載せていた。

私は母親に頭をなでられながら、おばちゃんに背を向けた。母親が言った。

「おばちゃんに、ありがとう、って言い」

振り向いて「ありがとう」と言うと、おばちゃんは「おおきにありがとう」と言った。

おばちゃんがなぜその商売をやめたのか、いや、それどころか、そのおばちゃんがどういう人なのかという素性すら、とうとうわからなかった。

私の心に残ったのは、ずっとずっと、永遠に食べられると思っているもの、絶対にいつでも簡単に食べられると思っている味というものも、もう二度と食べられなくなることがあるのだということだった。

そして、それから30年も経《た》って思うのは、そのおやつとしてのたこ焼きの味を、今も忘れることができないということである。

甲賀流たこ焼き

今や完全なる秩序をもつ有名店

大阪ミナミ、アメリカ村。大阪のサーファールック発祥の地だったこの町は、今から30年近く前に、すでに若者を集め始めていた。

今や10代の関西の「コギャング」の聖地と化している。コギャルならぬコギャングとは、小さいギャング、つまり、だぼだぼパンツにロゴTシャツという、ファンキーないでたちの行くところのない不良の輩《やから》を指す。

コギャングは、横に並んで歩き、昔ながらの不良のようにヤンキー座りし、眉間に皺《しわ》を寄せてオトナを見上げる。

夜になると、壁にスプレーで落書きし、アーティストを気取る。もともと、大阪出身にそういう描き方で本物のアーティストである黒田征太郎《くろだせいたろう》氏がいるので、描きやすいムードがあることは否《いな》めない。

彼らは暴走族のように車で走るわけではなく、ましてやバイクにも乗らない。ほとんど、おカネのかからない生活をしているらしい。そこは見習いたいくらいだ。

さて、コギャングはさほど迷惑がかからないように見えるが、これがアメリカ村にある飲食店の困り者になっている。

店の前に、座り込むからである。

座り込まれると、その店に入りにくい。

「にいちゃんら、ちょっとよそへ行ってくれへんか」

そう言うと、一瞬去るらしいが、また集まってくるという。

行くところがないのである。

そんな彼らの主食が「甲賀《こうが》流たこ焼き」である。

11個、300円。

彼らにとっては高いかもしれない。デートでそこにしみじみ茶でも買ったら、500円仕事である。

でも、アメリカ村の中心地である三角《さんかく》公園でそれを食べるということは、ひとつのお祭りなのである。

卵多めのふわふわとした種は、やや甘めで、おやつっぽい。タコはさほど大きくはなく、たっぷりの天かすが、ややしつこさをもたせるのも、若者向きだ。これこそ、若者の言うところの「ジューシー」である。

ポイントは、辛子《からし》マヨネーズ。細い口金からしゅるしゅるかけてくれて、これが、ソースも種も甘めなのに、ピリッと辛味と酸味とを添える。最後に青海苔と、ふわふわの花かつお。花かつおを食べているときに、木屑《きくず》のような食感から、だんだんとダシが染み出てくる。それが、マヨネーズの味の後に、しっかりと残る。

そんな奥深さは、ハンバーガーでは味わえない。

私が21歳くらいの頃は、この店にはおでんもあった。奥に座ることもできた。

「甲賀流、ってどういう意味ですか？」

と聞くと、おっちゃんはたこ焼きをひっくり返しながら、まともに答えた。

「滋賀の、甲賀の出なんで」

「それだけですか？」

「それだけ、それだけ」

「実は忍者なんです、って言うてほしかったわー」

べたべたな突っ込みに笑ってくれたおっちゃんも、今は金持ちになっているのだろうか。

ポルシェ乗ったりしてたら、怒るで、ほんま。

DATA
大阪市中央区西心斎橋2－18－4　TEL06（6211）0519
《めじるし》アメリカ村三角公園そば

味穂

地面が灰皿的感覚が許されるいやしの店

友だちに「たこ焼きおいしいとこ、どこ?」と聞くと「もう有名やけどな」「ベタやけどな」「それでもやっぱりな」……などという前置きがついて、この店が挙がった。

味穂。どうやらお好み焼きの「鶴橋・風月」と関係があるらしい。が、店には唯我独尊《ゆいがどくそん》の雰囲気が漂っている。

ビルの1階らしいが、ほとんど屋台のいでたちで、たこ焼きを焼いている周囲をぐるっとカウンターが囲んでいる。風の来ない奥のスペースにはすでにおでんとどて焼きで一杯やっているサラリーマンたち、アベックの姿も見える。

焼いている前の席に座る。何も聞かれない。焼いているおにいちゃんと目が合う。にたっとされる。

「飲みもんは?」

「何あるのん?」

「ビール、チューハイ、お酒、ウーロン茶……」

「ウーロン茶」

あいよ、と奥から声がして、目の前のおにいちゃんがまた聞く。

「一人前ずつ?」

たらっとした、家の者に話しかけるような感じである。

私と、その日付き合ってくれた大阪の女友だちが、顔を見合わせて言う。

「えっと、二人で1人前を分けたいねん」

一人前8個で400円。直径4センチくらいある大粒で、きれいなきつね色をしている。スープをつけて食べるので、スープは二つくれた。このサービスはたぶん、私たちが可愛かったからだろうと思うが。……

「こんなけやで」と、おにいちゃんがまたにたっとする。直訳すると「二人で食べるには少なすぎますよ」ということである。

あっさりしたダシ味で、スープをつけなくてもいいくらい。スープは熱いたこ焼きをいい塩梅《あんばい》に冷ます役割を果たすのに使った。たしかにするっといけてしまう。

おでんも食べる。大根は茶色に、こんにゃくはひび割れるほどダシが染みている。昔、大阪では「おでん」というより「関東だき」といったけれど、そんな感じのしょうゆ色。

「この大根は2日くらい煮てる？」

「いやいや、今日入れたとこ」

「ウソばっかり言いな」

「……うん。2日くらい」

そんなたらーっとした会話が続き、ごちそうさん、となる。夜中の3時までそれが続き、仕込みをやり次第、また店を開けるという。

私の別の友だちは、このたらーっとした心地いい空気のなかで、こう聞いたらしい。

「あの、灰皿ください」

おにいちゃんは、にたっと笑って言ったという。

「下」

ところが、テーブルの下には棚もないし、ましてや灰皿もない。

「ないけど？」

「そやから、下」

足元を見ると、何本か吸殻が落ちていたらしい。

「後で掃くから」

友だちはおっさんのようにタバコを吸って、ミュールのかかとでグリグリ消しながら、たこ焼きを食べたと白状した。

ウソのような話だが、なんだか納得してしまった。

たこ焼きのダシ味のすっとしたうま味と、この店のたらーっとした空気は、いやし効果抜群である。明日はこの気持ちから生き直してみようか、と思うほどに。

DATA
大阪市中央区心斎橋筋2－2－15　八代ビル1階
TEL06（6211）0352
《めじるし》三津寺筋を西側へ

蛸之徹

一人で焼けるかが大阪人の踏絵となる

たこ焼きを焼いているところを初めて見た人は、誰もが自分で焼きたい、とうずうずするのではないだろうか。

「焼きたい……でも、無理かなあ。むずかしいのかなあ。……でも、やってみたい」

その逡巡《しゅんじゅん》を断ち切ってくれるのが「蛸之徹」である。

初めて「蛸之徹」に行ったのは、まだ私がスポーツ新聞のひよこ記者だった頃だ。当時は今のマルビルにはなく、そのそばにわからないようにあった。

当時、私は毎日のように100人の編集局の誰かとご飯を食べていた。まるでホステスの同伴出勤の逆バージョンで、誰かと同伴退社していたわけである。今どきのギャルならば「だってー、ご飯食べてあげたしー、会社からお小遣いもらって当然じゃん」と、残業でもつけそうなところである。

でも私は「ご飯を食べさせてもらえるだけでありがたい」とどこかで真面目《まじめ》に思っていた。

当時のギャルには、アホでもまだそういう風潮があった。

その日はマルビルのマハラジャがオープンするという日で、私は中川さんという映画担当記者の「ディスコのオープニングがあるんだけど」という一言に、ほいほいとついて行った。

いろいろと考えるのが面倒くさいほどお誘いがあるので、一応、自分のなかでは「ラブホテル以外はどこでもついていこう。それが社会勉強だ」と思っていた。

しかし、先輩記者とディスコに行っても、踊って騒げるわけもない。VIP席で、バブル時代前夜という感じの人たちを観察し「不動産王と結婚するためには、こういうところで遊んでたらええんやろか……」とぼんやり考えていると、中川さんは「じゃ、たこ焼き食いに行こうか」と言った。

「ほいほい」とは返事をしなかったが、それ同然にまたついていった。

そこが「蛸之徹」だった。

中川さんは、実に慣れたようすで、店のおばちゃんと会話し、たこ焼きを頼んだ。

「へーえ、自分で焼くんですね」

私が感心して言うと、

「えっ、ここ、知らないの？　それは、大阪ではもぐりだよ」

と言われた。なぜ京都人の中川さんにもぐりと言われなければならないのだろうとムッとしたが、おごってもらうに決まっていると思っていたので我慢した。

蛸之徹のたこ焼きは、それまで私が食べたすべてのたこ焼きと、違っていた。種自体にしっかりとダシ味がついており、焼くと、香ばしさが際立つ。ソースをかけても、種の味が勝つほどだ。

どちらかといえば、おやつというより、ご飯のおかずになれるようなりっぱなたこ焼きだった。

「うまいでしょ」

中川さんは、自慢気に言った。その時私は、漂っていた違和感のなぞに気がついた。それは、中川さんの東京弁だった。

たこ焼きに、東京弁は似合わない。

「なんかこの、こんにゃく入ってるのが、うまいよね」

ここだ！　と私は思った。そして、笑いながら言った。

「入れませんかあ？　森家は先祖代々、こんにゃく入れてますよ。こんにゃく入れないたこ焼きは、もぐりです」

勝った、と私は思った。

DATA
大阪市北区梅田1—9—20　大阪マルビルB2
TEL06（6345）0301

たこせん

マクドも真っ青なニューファストフード

朝日新聞の大阪社会部の男前記者(?……犯人探しをしないで)に「たこせん、知りませんかあ? それはダメですよ」といわれて、むかついて食べに行った。

梅田《うめだ》ロフトのそばにもあるらしいが、アメリカ村のタワーレコードの前にあるやつが有名らしい。

平日だというのに、なぜか若者がいっぱいいる。たこせん、たこせん、と見回したが、それらしきものを口にしている人は見当たらない。ようやく店を見つけ、おばちゃんに注文した。

「おばちゃん、たこせん、二つ」

編集者のオバタさんの分も一緒に注文する。

「たこせん、ちょっと待ってね」

おばちゃんは、隣のお姉ちゃんに「こっち頼むわ」と命令し、自らたこせん作りに移ってくれた。私たちがたこせんを頼んだところから「うちもたこせん」「うちもたこせん」と、注文が集中してきた。あんまりたこ焼きに忙しい時に頼んではおばちゃんもむっとするのであろう。人が頼むと、言いやすくなるのである。こちらのどっちでもいい欲望を相手の商売に合わせるというやさしさは、大阪っぽい。

さて、たこせんの作り方だ。「たこせん」と白く印刷されたビニール袋から大人の顔くらいある小判形のせんべいを取り出す。米粉と小麦粉でできているような駄菓子屋系のせんべいで、けっして草加《そうか》せんべいみたいなりっぱなもんではない。タコ入り、と書いてあった気もするが、タコ風味、ということだろう。

これにていねいにソースを塗る。たこ焼きに塗るのと同じ、とろっとした甘めのソースだ。そして、マヨネーズ。やおら二つに折り、そこにたこ焼きを2個はさむ。完璧に形はハンバーガーである。

食い意地の張った私は他にもいろいろ食べようとしていて、おばちゃんにこう特別注文した。

「私はたこ焼き、一つでエエわ」

おばちゃんは「ほんまに?」「ほんまに一つでエエの?」と不思議そうに2回も聞いたが、

一個入りを作ってくれた。そんなに申し訳なさそうな顔をするなら、定価１００円を80円にしてくれるかな？　と思ったが、してくれなかった。

悲劇は、そこから始まった。私は一口目に、そのたった一個のたこ焼きを、つるん、と道端に落としてしまったのである！

「あああ……」

6歳なら泣いていたと思う。しかし、私はすでに36歳であった。でも、心のなかは、急に外気と同じ摂氏2度くらいになって、凍てつく風が吹くようであった。

その時、オバタさんが言った。

「……あ、半分あげるよ」

いや、いいですよ、と言いながら、手が出ていた。なんて優しい人だろう。もし、私が16歳なら、好きになっていたかもしれない。

しかし、私はすでに36歳であった。「ありがとうございます」と言いながら「なんでもう一個買《こ》うてくれへんのん……」と思ったのである。

たこせんは、たこ焼きを押しつぶして、落とさないように食べる。食べ方に要注意である。

DATA
《めじるし》アメリカ村の南の端っこ、タワーレコードのそば

第　2　章

お好み焼き

家族の儀式食

大阪の家庭には、必ずたこ焼き器とお好み焼きを焼く鉄板があるといわれる。今のようにホットプレートが普及していない頃、我が家にも、ガスの火の鉄板があった。年に何回か、父親がお好み焼きを焼いてくれた。うちの父親は、あたりはずれもあるが、時々思い立ったように料理をした。あるときは「会社の近所の中華のおばちゃんに聞いてきた」と言って卵とネギだけでチャーハンを作ってくれたし、あるときは「肉はやっぱりスジを食わないかんと、飲み屋のおばはんが言うとった」と言って、スジとこんにゃくを甘辛く炊いたのを1キロくらい作った。家族には受けが悪く、一人で毎日食べたりしていた。

要するに、私ももらった凝り性で飽き性の性格であった。

そんな父親料理だが、お好み焼きだけは安定しておいしかった。いわく「家庭の鉄板は薄いから、火の通りが今イチや。そやから、つなぎをなるべくちょっとにして、薄く焼かないかん」という。

いろいろ試行錯誤があったが、あるとき、千林の裏通りにあった地味なお好み焼き屋に入ってみて、彼は開眼したのである。

「これや！」

それは、広島ふうであった。ゆるく溶いた粉を鉄板にクレープみたいに伸ばして、そこに刻んだキャベツを盛り、天かす（東京でいう揚げ玉）と紅しょうがのみじん切り、桜海老、味の素をパパッと振って、豚肉とイカを載せ、そこにまたつなぎの粉をトロトロとかける。ひっくり返すのがむずかしいが、そこは大きいコテと小さいコテを両手にもって一気である。

そして、ジュージューと平らにする。

焼けるまで、ものすごい長い時間だと、子供心に思った。

3人姉弟がおなかいっぱいになって、近所に住むおばちゃんやおばあちゃんにまで配り、最後は父と母で食べていた。

一晩かかった。

そういう思い出が、大阪育ちには少なからずあるのではないだろうか。

お好み焼きには、みんなうるさい。「自分の味」を求めて、あーでもない、こーでもない、あんな店はちゃうで、あそこは終わったで、と、時にはケンカになりそうなくらいだ。その情熱たるや、ちょっと全国的には理解しがたいかもしれない。

ある人に聞くとする。

「お好み焼き、どっかおいしいとこ、知りません？」

すると、2〜3軒のうち、必ず知らない店が出てくる。

「そこはどういう味ですのん？」

そういう質問は愚問だとわかった。必ず、こう返ってくるのである。

「めっちゃうまいねん。ほんで、おばちゃんがちょっとヘンコやねんけど」……

オトナになって、大阪の女の子はお好み焼き屋でデートすることを覚える。

私も例にもれず、何人かの人とお好み焼き屋に行った。そしてわかった。その人が連れていくお好み焼き屋で、その男のキャラクター、食全般に対する好み、育ち、家庭に求めるものなどが如実《にょじつ》に表れるのである。

「ぼてぢゅう」とか「千房」とかビッグネームに弱い男は、出世志向が強い。その店のおばちゃんにこだわる男は、マザコン。ステーキを食べられるとか、お好み焼き以外の焼き物を食べたがるのは見栄っ張り。

天満《てんま》の天神さんの近くにある「甚六」を教えてくれた男は、かなり年上で、小さな代理店を経営する、食通の遊び人だった。

当時はやりのサスーンのジーンズのポケットにはいつもカルティエの札入れが入っていて、酔うと自分のことを「てったん」と呼んだ。

てったんとは、何カ月かの付き合いだった。とはいえ、月火水木金と女が違うという噂《うわさ》で、土日は仕事をしていることが多かった。つまり、どれも本気ではなかったということだろう。

そんなてったんが女につかまった。子供ができてしまったのである。好意的に考えれば、その女性には本気だったのだろう。「つかまってしまった」と自分で吹聴していたのは、遊び人の照れ、だったのかもしれない。

人づてに、そんな話を聞いていて、何年か経った、ある夜。

すでに私はFM802に入社し、開局までの忙しい日々を送っていた。天神橋筋《てんじんばしすじ》商店街で夜な夜な晩ご飯を食べ、また会社に戻って、夜中まで仕事をして、天五のうなぎを食べて帰る、というような毎日だった。

その日は、同僚の女性社員2人を連れて「甚六」へ行った。

「めっちゃおいしいお好み焼き屋さんがあるねん」

空いてますように、と祈りながらガラガラッと扉を開けると、なんとそこに、てったんがいたのである。

しかも、おそらく二人目を産むのであろう身重の奥さんと一緒であった。二人は幸せそうに、カウンターの鉄板の前にいた。ほとんどの夫婦がそうであるように、たいした話もしないで、それでも、幸せそうに。

昔から入ってくる客を何気にチェックする癖があるてったんは、すぐに私に気がついた。私も、逃げるわけにはいかない。逃げたらよけい、やらしい。

安もんのドラマにありそうな、気まずい空気になった。

「あ、てったん、元気？」

「……うん？　ああ……」

てったんは、元気なく言った。

別に、私に心が残っているのではないことは、すぐにわかった。それよりも、遊び人として元気だった自分が、身重の奥さんと家族している絵を見せたくなかったのだろう。

私は「今、802におんねん。開局したら、遊びに来てくださいねー」とか聞かれてもいないことを言って、同僚と、なるべく離れたテーブル席に座った。

なんやかんやいうても、なあ……と、心の奥で私は思った。

お好み焼きは、やっぱり家族と食べるのが、一番やわ。

そして、家族のように毎晩顔をつき合わせている同僚たちに、大きな声で言った。

「ここ、めっちゃおいしいねんで。早よビール頼もうや！」

結婚して上京し、白金に同じ「甚六」というお好み焼き屋を見つけた時は、とてもうれしかった。

うちには子供はいないけれど、夫とお好み焼きを食べていると、「一応、家族やねんな」と思い出す。

「子はかすがい」と言うけれど、うちの場合、お好み焼きこそ「かすがい」なのである。

きじ

オムそばやないで、モダンやで

壁には名刺がべたべたべたべたと貼ってある。

梅田新地下街（JR大阪駅の高架下）にあった本店から30年の歴史がつくったこの店の習わしだ。誰が始めたのかわからないが、その数は数千、万にも及ぼうとしている。昔からあるのは黄ばみ、油焼けし、角が浮き上がってきても、そのままにしてある。

博多《はかた》の屋台でも似たようなことをしていた店があった。「山ちゃん」という店で、音楽業界の人が多く、ソニー関係の名刺がやたらと多かった。

しかし、ここは職種が実に幅広い。メーカー、建築関係、アパレル、マスコミ。自営業の社長が多いのも大阪らしい。

本店でも同じことをしてあって、きれいな滝見小路店ができたらもうやらないだろうと思っていたら、やっぱりそうなってしまっていた。

お好み焼きは鉄板がある程度焼き込まれてこないとおいしくないと思うのだが、すでに滝見小路店も9年目、名刺の貼られ具合といい、エエ感じになってきた。

コートを丸めて膝《ひざ》の上に置いて席に着くと、隣にいたおばちゃん4人組が「お姉ちゃん、下、したー」と叫んでいる。「えっ?」とボケていると、「コート、中に入れられるてー」とさらにていねいに教えてくれた。

座席の蓋《ふた》を開けるとコートや荷物を入れられるというこのつくり、焼肉屋さんにもあったらエエのにと思った。

これでゆっくり食べられる。いかと豚の入ったモダン焼きと、ホタテやしめじの入った滝見焼きを注文する。鶏がらと鰹と昆布でとったダシで溶かれた粉は柔らかく、主張しないがなんともふわっとおいしい。

何十種類もあるけれど、初めての人にはこの2枚は絶対食べてもらいたい。

特にモダン焼きは、広島風のモダンしか食べたことのない人には驚きの味である。

広島風モダンがお好み焼き+そば、というシンプルな二重構造に、おたふくソースをぶっかけて食べる、というどちらかといえば混じり合わず、それぞれの隣り合ったおいしさを同時に味わうものだとすれば、ここのモダン焼きは「モダン焼き」という一体化した食べ物なのである。つまり、お好み焼きと焼きそばがしっかりと抱き合っているという感じなのすべてを取り持ったのは、つなぎと卵だ。多めの卵が、柔らかめのそばとさくっとしたお好み焼きの部分を味で取り持つのである。

ほとんどオムそばか？と言いたくなるが、その「オム」はといえば、フレンチレストランのオムレツを思わせるふわふわ卵なのである。

これで、750円。

お好み焼きの本分をわきまえているような気がする。

東京あたりで二人で1万円近くかかるようなお好み焼き屋も存在するが、あれは何か別物だ。

お好み焼きとは1000円もせず、いろんな味がして、でも誰が食べてもおいしくて、心から幸せを感じられる食べ物であるべきなのだ。

「きじ」でお好み焼きを食べると、とりあえず、大阪のお好み焼きの一つの基本は納得してもらえるような気がする。

ちなみに、大将も店員さんも、愛想がいい。迷ったら、アドバイスを求めることもできるが、ちゃっちゃと決めよう。

何を食べてもおいしいから。

DATA
大阪市北区大淀中1－1－88　梅田スカイビルB1滝見小路内　木曜休
TEL06（6440）5970

三平
いもすじネギと叫びたい!

お好み焼きほど好みが分かれるものはないし、人によって「自分の店」があるものもない。人によって「あそこを知らんか?」「いやいや、あの店が究極の一軒やで」と完璧を競う主張が始まる。

通《つう》を語り、奇をてらい始めると、きりがない。だからこそ、私は、定番を推《お》したい。法善寺《ほうぜんじ》、三平である。

どっちが先だったのかは知らないが、20歳くらいの頃(めっちゃ前です)には、ここと同じ経営者の居酒屋によく行った。大根おろしのたっぷり載ったあつあつの卵焼きとか、強いごま油をとろっとかけた一口大のレバ刺しとか、海苔が山盛り載った赤ちゃんの顔くらいあるおにぎりとかで、青春時代を送ったのである。

目のグリグリッとした沖縄出身のママさんがいて、妹さんが歌手だったと記憶しているのだけれど、その後どうしていらっしゃるのか、ご無沙汰してしまっている。

で、居酒屋と交代ごうたいに、お好み焼きにも行った。当時は2軒あったけど、私は狭くてちょっと汚い感じで、なんか店の前なんかねずみが出てきそうな法善寺が大好きだった。古いというのと、町並みが昭和初期なので、もう一軒の新しい店よりも、なんか高い店に来たような気分がするのだった。

がらがらっと引き戸を開けると「いらっしゃいませい」と声がかかる。

カウンターの大きな鉄板の向こうにおにいちゃんが何人かいて、汗水たらして焼いてくれる。汗がしぶきになって、たぶんお好み焼きにも入るが、これも隠し味である。

あの時のおにいちゃんたちは、もう立派に各地で独立しているに違いない。

「いもすじネギ！」

冷蔵庫から半ば凍った牛スジが放り込まれる。甘辛く煮てあって、すっかり柔らかくなっている。これと大阪の青ネギの刻んだのをどっさり、それにふかしたじゃがいもを入れればボリュームたっぷりだ。

当然、それだけ具を入れれば分厚くなる。お好み焼き版ビッグマック状態である。

しかし、花かつおを思いきりかけて食べると、不思議に一体感があった。

この組み合わせを最初に思いついたのは、誰なのだろうか。私は「イカと豚」という基本も素晴らしいと思うが、いささか地味だと感じることもあった。「いもすじネギ」には、新しい世代に切り込んでいくパワフルさと貪欲さがあふれていたのである。

しかし、隣で「海老しそチーズ」と注文しているのを聞くと心が乱れることもある。たとえれば、キムタクとデートするのもいいが、椎名桔平《しいなきっぺい》も捨てがたいな、という心境である。「豚キムチ焼きそば」も、昔からお薦《すす》めのメニューだ。変わっていなければ、ここの豚はしっかりと身が厚く、鉄板でジュージュー焼いても適度に脂が残る。おそばを食べきって、最後に豚とキムチが濃くなって残っているのを、一口食べて、水を飲む快感を味わってもらいたい。

最近は、ベース300円に具ごとの値段を足していくというシステムらしい。二人で2枚を半分ずつ、それに「豚キムチ焼きそば」を半分ずつくらいがいいかもしれない。具次第で、ボリュームはかなり変わる。

味の濃い、お好み焼きらしいお好み焼きが食べられる。

若い人はあんまり法善寺界隈《かいわい》に行かないみたいだけど、ここまでお好み焼きを食べに来るというのも、日常のサイクルをちょっと変えられて楽しいものだ。

私は大阪で2番目か3番目に法善寺界隈が好きだ。

DATA
大阪市中央区道頓堀1-7-9　浪速センター1階
TEL06（6213）8195
《めじるし》とにかく、法善寺界隈に迷い込んでみる

時分時

サイドディッシュが充実しすぎの鉄板フレンチ

南船場《みなみせんば》。もともとは古い繊維街で、不況で死にかかっていたのだったが、ここのところめっきりスノッブな街になった、大阪・奇跡の復活街である。

その復活を助けたカフェが、ちょっとずつ距離を取りながら立ち並んでいる。この「ちょっとずつ距離を取りながら」という感覚が、大阪では妙に新しい。

北新地《きたしんち》しかり、周防町《すおうまち》しかり、アメリカ村しかり。10年前は、なんでも流行《はや》っている場所にはいろんな店がぐしゃっと詰め込まれているのが、大阪の街の特徴だったような気がするからだ。

大阪の『Ｈａｎａｋｏ』などでライターをしている野尻《のじり》ちゃんという女の子が、とってきの「お好み焼き屋」に連れていってくれるというので、南船場に繰り出した。

「これがＰＰＰです」

この間、『Hanako』で見たばかりのカフェを目《ま》の当たりにすると、なんだか若返ったようで興奮した。

「おおーっ、これがー」

私はおっさんのように叫びながら歩く。

「お好み焼き屋も、おしゃれかなー」

「それがね……いやあの、私も、初めて行くんです……　ちょっと、変わった名前で」

「なんていう店？」

「ちょっと忘れました。見たら思い出すと思います。変な名前だったんで」

私は店を探してきょろきょろしていた。「これかな？」とめぼしをつけるが、すべてはずれた頃に、店についた。

「アッ、きっとここですわ」

阪神《はんしん》高速の下辺《あた》り。どう見ても、喫茶店を改装したとしか思えない店構えである。

しかも店名は「時分時」ときた。じぶんどき。笑《わろ》うてもエエ？

店に入ると、本物のおっさんだらけだった。失礼、サラリーマンの巣。この間、東京の高《こう》円寺《えんじ》で「オヤジの台所」という店があって、カウンター全員がオヤジだったのが外から見えて笑ったのだが、その幻影を見ているようだった。

カウンターに座ると、隣のサラリーマンが気さくに話し掛けてきた。

「帆立のワイン蒸し、うまかったよ……ま、ここはなんでもおいしいけどね」

一応、ありがたく聞くふりをした。しかし、ここはお好み焼き屋だ。やはりお好み焼きを押さえるべきだろう。

「お好み焼きは、ミックスにしようか」

ゴージャスに1600円のを頼もうとすると、店のマスターが控えめに言った。

「あの、おすすめは豚玉なんですけど……」

豚玉、780円。商売っ気のない店である。

グラスワインも、黒板に20種類くらい書いてある。1杯300円〜500円。これも、300円のを薦められる。本当に、商売っ気がない店である。

お好み焼き以外のサイドメニューが、これまたすごい。とにかくフランス料理のごとく、ガーリックソテーだの、キャビアだの、フォアグラだのと、バリエーション十分。

私たちはフランスパンにエビのすり身を載せて焼いた「えびパン」や「マグロのほほ肉のソテーガーリック風味」などを頼んだ。

どれもおいしい。もちろん、値段が値段だから、びっくりするような素材を使っているわけではないが、鉄板料理を飽きさせない味付け、こぎれいな盛り付け、とにかくメニューの多さで、選ぶだけでもわくわくしてしまう。

お薦めというだけに、豚玉は圧巻だった。分厚い豚ロースを使った小判形のお好み焼きは、ふっくらと上品に仕上がっていた。

マスターはまだ30代前半、もともと和食をやっていたのだという。物腰の柔らかさといい、タダモノではない。

「うちはなかなか、お好み焼きを食べてもらえなくって」

うれしいような悲しいような顔でそう言われて、私たちは思わず声を揃《そろ》えて突っ込んだ。

「おいしそうなサイドディッシュが多すぎますもん！」

大阪らしい、メニューの濃い店である。

次に行ったとき、「時分時」の意味を聞かなければ、と思う。意外に、意味、ないかもしれんけど。

DATA
大阪市中央区南久宝寺町4―5―11　ライオンズマンション御堂本町1階
TEL06（6253）1661

風の街・風月
お好み焼きチェーン化成功の鑑

私が今までで一番枚数を食べているのが「風の街・風月」のお好み焼きだろう。

この店は、物心ついた時から、千林商店街のジャンジャン横丁にあった。

最初は「風月」だけだったが、鶴橋《つるはし》の「風月」がなんか言ったのかもしれない。最近「風の街・風月」になった（鶴橋のほうは「鶴橋・風月」と名乗っている）。

とはいえ、今や一大チェーン化している。確か、福島《ふくしま》にあるのもこっちだったと思う。

これも私の評価だけれど、チェーン店としては有名な「ぼてじゅう」よりも「千房」よりも「風の街・風月」は安定した味を作ることに成功しているのではないかと思う。

その理由は、この店の徹底した焼き方システムセルフ化の確立にある。

ここ数年で、そのシステムは完璧になった。

アートディレクターの長友啓典《ながともけいすけ》さんもおっしゃっていたが、お好み焼きは「焼き方」なのだろう。

「風の街・風月」では、もう一つの風月にも共通する、独特の、つなぎのほとんどない、キャベツだらけの種を用いる。「豚玉」と注文してやってくるカップのなかには、あふればかりのキャベツの上に卵と天かすと紅しょうが、その上に刻んだような豚のバラ肉が載っている。それを、思いきり混ぜていくうちに、だんだんと下からつなぎの粉がとろっと顔を出してくる。この「混ぜ」ができなければ、「風の街・風月」のお好み焼きにはならないのである。

「混ぜ」が完了すると、目の前の大きな鉄板に、種をおろす。

これもここ数年で、鉄板が変わった。どうもガスではなく電気で一定した高い温度を保てるようになっているらしい。ひっくり返して見たいところだが、熱いのでできない。

従業員は、見守るのみ。できない場合のみ、助けてくれるという感じだ。

さて、「風の街・風月」になるまでは、ここからが問題だった。

いつひっくり返すのか。それが大問題だったのだ。

うちの両親は、一度店員に忘れられ、大事な豚玉を目の前で真っ黒にされて、激怒して帰ったことがあったらしい。

きっと、父親は、大きな浪曲声で怒鳴《どな》ったに違いない。

そういう人が少なからずいたのであろう。

「風の街・風月」は考えたのである。

最強にして目からウロコの武器を導入してきた。

……砂時計である。

砂時計が落ちると、ひっくり返す。もう一回砂時計もひっくり返して、砂が落ちたらまたお好み焼きをひっくり返す。ジュージューいったら、従業員を呼ぶ。

この単純なシステムで、従業員は効率よく確実にテーブルを回り「マヨネーズをかけてよろしいでしょうか」という次の動作に入れるようになったのである。

かくして、すべてのテーブルの人が、安心して、同じ焼き具合に焼かれたお好み焼きを食べられるようになったのである。

ここのお好み焼きは、キャベツの味に左右される。キャベツがおいしい時期は、お好み焼きにもまったりと甘味が出て、濃厚なソースと絡み合い、なんともおいしい。

また、この店に行ったら、絶対に焼きそばを頼むべきだ。

自家製の太めのそばがしこしこと歯ざわりよい。いったん焼いて、もってきてはくれるが、これをもう一回、目の前の鉄板でジュージュー焼くと、ちょっぴり焦げ目ができて、また香ばしいのである。

とにかく、30年以上食べているが、味は変わらない。
何かをシステム化するとかマニュアル化するとかいうことに、大阪という街は否定的な感じがするけれど、「風の街・風月」に限っては、よかったという気がする。

DATA
大阪市旭区千林2—15—3
TEL06（6953）7664
《めじるし》京阪電車千林駅下車、アーケードを歩いて、イリエというジーンズ屋さんを右の路地に入ったところ

第 3 章

串揚げ

大阪名物〝いらち〟とは

大阪の人は本当に「いらち」が多い。

「いらち」は東京の「せっかち」に似ているが、違う。

「せっかち」の食べ物は寿司である。生きのいい魚をささっと握り、はいよ、と言われて一口で食べる。「よしきた」「合点だい」という銭形平次的ノリを身上とするわけである。そこには、呼吸とテンポがあり、それが「せっかち」の心を和ませるのである。

誰かが結婚するといえばお祝いだ、引っ越しするといえばいつ行けばいいんだい、という人間としての善意、自分の決めた道理をさっさと進めたいのも「せっかち」のほうである。

どちらかといえば「いらち」には、もっとわがままが入る。

一番象徴的なのは、うめだ阪急《はんきゅう》を出たところからJR大阪駅へとわたる、あの信号の「待ち時間表示」だろう。

「あと60秒」

最初にそう出た時は、絶望的な気分になった。……60秒、って60数えってことかい！　そんなもん、数えるくらいやったら、赤信号突っ切ったろか。……そう思ったのは、私である。

「あと20秒」

死んだような思いが生き返ってくる。……そうか。あと20秒か。そやな、それくらい辛抱できな、あかんな。

「あと10秒」

もうエエかな。でも、クルマ、まだビュンビュン走ってるしなー。

そして、心のなかでカウントダウンしながら、0と同時に渡ろうと何度も試みた。

しかし、初詣《はつもうで》では一応交通安全のお守りを買う。

そう、私こそ、大阪名物いらちな女の代表なのである。

「せっかち」の食べ物が寿司だとしたら、「いらち」の食べ物は串揚げだ。

ちょこっとずつ、食べたいもんを、一口で食べる。

準備はすべてしてある。揚げてもらう時間だけ、「早《は》よ、早よ」と思いながら待つ。

「はい、海老ですぅ」

猫舌の人はちょっと待つが、いらちは揚げたてをやけどしながら食べる。そこへ冷たいビールを飲む。

あーうま。カロリーとか中性脂肪とか、後先忘れるうまさである。寿司のようにシンプルに歯ごたえや魚の甘味を味わい、次の展開を考えていく、という組み立てはない。

いっぺんに、頭じゅう、体じゅうが「うまー」と満足することが、まず大事なのだ。

大阪には立ち飲み、立ち食いの串揚げ屋がけっこうある。私は、それが地下街には必ずあるものだと思っていたので、東京にないのが最初とても不思議だった。

カウンターに沿ってかかっている暖簾《のれん》がおじさんたちの腰あたりまでを隠しているので、ねずみ色のズボンがいっぱい並んで見える。時々、暖簾のすき間から、ジョッキに飲みさしの金色のビールが輝いて見える。地下街に充満する焼けた油と「二度付け厳禁」のウスターソースの匂い。

あそこに1時間もいる人はいないだろう。みんな何本か食べたい串揚げを食べ、ビールを飲んで、おなかいっぱいになるほどでもなく、「うまかった」と、歯の間に詰まった豚のスジを楊枝でシーハーしながら出てくるのである。

要するにそれは、午前11時とか、午後3時とか、まっとうな食事時間でないことが多い。とにかくそこでちょっとエエ気持ちになりたいいらちなおっちゃんたちのささやかな欲望を満足させる店なのである。

おっちゃんだけではない。ギャルもおねえちゃんもおばちゃんも、いらちな大阪の人は串揚げが大好きだ。

さすがに女は立ち食いをしない。東京から取材に行ってついでに観光もしたような女性編集者が、

「通天閣《つうてんかく》の下で立ち食いの串揚げ食べたんですよー。やっぱ、あれが大阪ですよねー」

などと自慢気に語るのを、私は好かない。夏場に露出した服であちこちじろじろ見ながら歩くのはそれこそ怖いもの知らずだし、ニューヨークのハーレムを観光バスで見るという感性と同じものを感じてしまうのである。


地元のレディはおばちゃんも含め、ミナミやキタの座って食べる串揚げの店に行く。別におばちゃんになったら体裁《ていさい》なんか気にしないだろうと考えるのは、大阪のおばちゃんに失礼である。おばちゃんには、おばちゃんの考える品位があるのだ。

62歳になるうちの母親は生まれも育ちも先祖代々千林という下町女であるが、やはりかたくなに「立ち食い」を拒否し続けている。
二、三度、こんなことがあった。父親と私の3人で「梅田に行こう」と連れ立った。まだ

北区の豊崎《とよさき》に父方のおばあちゃんの家があった頃で、ちょうど阪急電車の梅田くらいまで歩けば、20分くらいだった。

かっぱ横丁の古本街で立ち寄りながらも通り抜けて三番街へ降り、「白楽天」でラーメンを食べた。ラーメン一杯に1000円くらいしたのを父に「高いな！」と無理やり同意を求められ、母親と二人なら1800円の幕の内でも普通に食べるのに、と思いながら、私は生返事をしていた。

父は、若い頃から、こういうショッピングゾーンにまったく慣れていない人だ。喫茶店に入ってもアイスコーヒーをだいたい二口でズズ、ズズ、と飲んでしまう。

そして、人が話をしていると、言うのである。

「ごちゃごちゃ言うてんと、早よ出たろ」

おまけに、店の人ににっかと笑って言うのである。

「……回転ようないと、儲《もう》かりまへんがな、ねえ、おねえちゃん」

阪急の紳士服売り場で自分の服だけ見て、結局買わず、また大声で「わしはニチイでエエわ」と言い、もう私と母は無言で歩いていた。

阪急百貨店を出て、地下へ降りていくと、突然、父親がぱた、と止まった。

「おまえら、喫茶店、行きたいやろ。行ってこい。わし、串食ってくる。ほんでまた、ここで待っとけ」

母と私は目が点になった。

「どのくらいの時間やのん」

「ビール飲んで、ちょっと食う、そのくらいや」

私たちは二手に分かれ、20分くらいして、元の場所に行くと、もう父は飲んで食べて、しかもうろうろした後であった。

「おまえら、遅い」

私たちは、いらちな父親に無実の罪で怒られながら帰った。

「お母さん、結婚する前、あんな男と、どんなデートしてたん」

私が呆《あき》れて聞くと、母親は言った。

「たぶん、必死で我慢して、合わせとったんやろうなあ」

……ほんまに、よう言わんわ。

六覺燈

ワインと串揚げの華麗なるマリアージュ

「六覺燈」と書いてろっかくてい、と読む。

大阪にいた頃、ついぞ行くことのなかった店であるが、最近になって、大阪へ行く楽しみのひとつになった。

外から見れば、ここにこんなレンガ作りの内装のしっかりした店があるとはわからないような黒門《くろもん》市場の入り口のビルである。昔はカウンターだけだったらしいが、最近、厨房をはさみ込む形で、テーブル席のある別室も隣にでき、週末はそちらも満席状態になっている。

しかし、変わっているのは、入り口ではない。なんといっても、店主である。

ワイン好き、知識人は数々あれど、この人といったらおそろしいほどだ。それも、関西名物「ワイン博士」(ソムリエよりも動物的感情的味覚をもった、そして東京にいるワイン人よりもすんなりとちゃちなブランド志向を捨てられる人たちを私はこう呼ぶことにした。たった今から）のなかでも、何本の指に入るかというような人だ。

たとえばこうオーダーしよう。

「お手頃で、おいしいやつ。あんまり軽すぎなくて、色も香りもいい赤」

すると、ここの博士はメガネをかけた医者みたいな顔つきで、ちょっと聴診器でも当てるような顔をして、3秒後、はい、わかりました、と言う。

この場合、出てくるのは、ブルゴーニュの、98年くらいの、あまり知られていない畑の、中途半端な知識では覚えられないような名前の、白地に筆記体で書かれたラベルのある、ボトルである。

「非常にブーケもよく、ちょっと3〜4年寝かせただけとは思えない、いい味なんですよ。まあ、飲んでみてください」

ここが串揚げの店かと思うようなちゃんとした口の狭いブルゴーニュのグラスが出てきて、ややピンクめいたルビー色のワインがつがれる。

「はー……」

一杯めにしてため息が出る。値段を抑えても、名のあるブランドじゃなくても、こんなおいしいワインがありますか、というため息だ。たぶん「田舎育ちですが、おとうさん、おかあさんが心ねのいい方で、きちんとしつけられ、とても品のよいこざっぱりしたお嬢さんになりはりました」というのは、こういう味なんだろうと思う。

それで満足していたら、ワインバーである。

驚くことに、ここは串揚げ屋なのだ。

串は粗雑には出てこない。かといって、上品すぎることもない。白身の魚で海老のすり身を巻いたり、しょうゆでうっすら下味をつけた牛ヒレが出てきたり。初夏の緑の風をコロッケにしたような、えんどう豆のちっちゃいコロッケがあったり。

だいたい、そのものに味があるものが多いので、粗挽《あらび》きの黒胡椒《くろこしょう》や山椒《さんしょう》とほんのちょっぴりの塩でとにかくさっさと食べる。ごていねいに、お皿の4種類のタレのなかの「これを付けてください」というところに串を向けてくれるのが、心憎いサービスである。

串にスパイシーなものが増えてきたなと思いながら、ワインは2本目に突入である。

「次は白、行きましょう」

「ロゼもありますよ。サンセールのロゼなんて、ちょっと珍しいのも」

サンセールはシャブリよりきりりっとして酸味もあり、冷やして飲むのが好きな私には大好きなワイン。しかし、ロゼなんて、地元でも珍しいはずだ。

「某メーカーがやろうとしてやめちゃったんですけどね。個人的に、ぼくが入れてるんですよ。これが売りたくないくらい、うまいんです……」

店主のトークは続く。酔っ払ってない時に聞いたらノートしておくのに、といつも思う。

そうそう、彼は15リットル入りのシャンパンという世にも珍しいものを、日本で輸入できる数少ない一人だという話も聞いた。

「それが1ダースあれば、お風呂にできますよ」

私はそのお風呂に頭ごと浸かって、ごくごくシャンパン湯舟を減らしていくのを想像した。

そして、汗くさい男とそこに入るのはやめよう、と思った。

DATA
大阪市中央区日本橋1―21―16　たこそうビル2階
TEL06（6633）1302
《めじるし》「日本橋2」の信号の、黒門市場入り口、大丸白衣の向かいのビル。

最上
二人で1万円ちょい。串揚げデート、基本の店

串揚げはカウンターで食べるものであるが、ここのカウンターを見ると、カウンターというよりは運河みたいだと思ってしまう。広いので、2人ならだいたいいつ行っても入れるけれど、いつ行っても8割がた埋まっているというのもすごい。

しかし、予約があんまり必要ない店というのも、いくつか知っておくと便利なものだと思う。

たとえ満席でも、串揚げなら回転も速い。

ミナミのデートで接待で、困ったら、「最上」である。

席に着くと、すぐに飲み物を聞いてくれる。ソースのお皿ときゅうりとにんじんと大根のスティックセット、キャベツ、あさつきが勢ぞろい。

おそらくこの段階で、最初の串は放り込まれているのであろう。乾杯するやいなや、ぴゃっと1本目が出てくる。まさに「遅いことは牛でもできる」という関西の哲学を守りきった王道の店である。こういうところで「私、海老と貝抜いて。あかんから」とかいうわがまま女もいるのだが、それにも迅速かつ完璧に対応して串を置いていく。

私がこの店で最も好きなのは、小ナスに切れ目を入れ、そこにカレー風味の牛ひき肉を詰めたやつである。

その控えめなカレーの風味と一番辛めのウスターっぽいソースの味、ちゅるんと溶けるナスの味と肉汁が口のなかで混じり合うと「ああ、なんか、大阪ってエエな。大阪に住んで、ここにしょっちゅう来られるような仕事ないやろか。……そや、大阪在住のミステリー作家はどうや？」と真剣に自分に問うてしまうのである。

以前は、アスパラを丸揚げしてマヨネーズを塗ったやつにも感動していたのだが、東京の六本木《ろっぽんぎ》に「知仙」という串揚げ屋があって、そこの「アスパラ丸揚げ」だけはどうにもこうにも勝ちなのである。

アスパラそのものの仕入れの問題なのだと思う。

なぐさめるわけではないが、もちろん、「最上」のほうが値段が安い。

おまかせで、全36本食べて8700円。

だいたい一人20本くらい食べるというが、小食の私はいつも13〜14本でストップである。この店はとにかく店員さんがきびきびと行動迅速なので「ストップ」と言ったときにすでに2本仕込まれていることも多い（普通の店は1本なのだが）。

連れの友達がもうちょっと食べたとして、二人で1万円くらい。

ランチだと食前酒やご飯もついた3500円のコースからあるらしいので、女どうしのプチ同窓会などにもいいかもしれない。

ミナミのど真ん中という場所柄、夜はホステスさん連れのおっちゃんも多い。

同伴という懐かしい（なんで懐かしいんやろう……）言葉が、今も生きているのだろうか。

バブル以前は同伴といえば、ステーキが一番格が上だったみたいだが、それはホステスが全般的に若かった時代のことで、今や濃いところでは串揚げがランクアップしているのかもしれない。

不景気になると、同伴デートで串揚げの格が上がる説。

いやいや、「最上」にくらい、気楽に行けるような大阪になってほしいものだ。

DATA
大阪市中央区心斎橋筋2―2―10　新日本三ツ寺ビル1階
TEL06（6213）2840
《めじるし》三ツ寺筋、心斎橋筋より東へ入っていく

串芳
一人2000円で大満足の正統派串カツ

『VERY』という雑誌で「VERY KANSAI」という連載を始めて2年になろうとしている。月1回の割合で大阪へ帰るのだが、このところ、ロケバスを「ハヤブサ」の小松クンにお願いするようになって、楽しみが増えた。

彼は私の知らない大阪の地図の南半分の食べ物屋にやたらと詳しいのである。

しかも彼の基準は「安くて美味《おい》しくて店の態度がいい」なのだ。

たとえば、昭和町《しょうわちょう》にはもう一軒、Gという有名な串カツ屋がある。「昭和町の串カツ」と言うので、そこへ行くのかと思っていたら、違うと言う。

「あそこはね、予約もすごい詰まってるし、何より気ィ遣うんですわ。串カツごとき、気ィ遣って食うのん、いやでしょ」

そこで一推しとなったのが「串芳」であった。

阿倍野《あべの》郵便局の裏。この場所に10年以上店を構えるというオーナーは、とってもケンカが強そうで店にいて落ち着く。これは、大阪の、中心地ではない場所では大事なことである。いつ、怖い人が来るかもしれない。このオーナーなら、オッケーだ。

おまけに壁にボクシングの試合のポスターが何枚も貼ってある。

私はある確信をもった。

「あの、オーナー、ボクシングの選手やったんですか？」

「いやいや、ポスターだけ」

確信はあっけなく崩れた。

串を頼む。安いので90円、高いので250円。メニューを見て「これとこれと……」と名指しする。おまかせよりも明朗会計である。

メニューがまたわかりやすく、たとえば「肉詰め」というジャンルがあって「なす」「れんこん」「しいたけ」「ピーマン」などと書いてある。

「肉詰めのれんこんとピーマン」

という頼み方ができるわけだ。

私は肉詰めをれんこんにし、海老詰めをしいたけにした。かなり正解だった。

特に、しいたけのエビ詰めは、これでもかと丸くなるほど海老を詰めてあって、あつあつをかじるとジュウ、と甘い海老汁が出てきた。

野菜も美味。こんにゃくも、ちゃんと味付けしたのを、揚げてある。

胸焼けせず、さっぱりといくらでもいける家庭的な味である。

鉤型《かぎがた》のカウンターの向こうに、おばあちゃんとおかあさんが子連れで来ていて、

「うちの子はおにいちゃんのおにぎりが毎日食べたいって言うねん」

と言っていたのも、うなずけた。

串カツは、あまり家で作るものではない。それなのに、家庭的、という表現もヘンだけれど、何かこう「うちの子、ご飯食べへんから」とおかあさんが工夫して串カツを作ってくれた、そういう愛情を感じるのである。

「お勘定で、も一回、びっくりできますからね」

確かに、びっくりした。

思いきり食べて、中ジョッキ2杯飲んで、一人、2000円台だった。

おまけに、私と、一緒に付き合ってくれた「VERY KANSAI」読者のミセスは話が盛り上がって、わーわーうるさかったが、トレーナーのようなヒゲのオーナーも、バンダナを巻いて串をがんがん揚げてくれたおにいちゃんも、とても優しかった。

「いつでも来てくださいよ」

と、言ってくれた。

そこそこ高い水準のものを、こだわりなどもたず、普段着で食べる。

その贅沢は、いったん、東京みたいなところに住まないと、わからないのかもしれない。

DATA
大阪市阿倍野区阪南町1—46—24　TEL06（6621）8230
《めじるし》地下鉄御堂筋線昭和町駅下車、阿倍野郵便局裏

第　4　章

てっちり

てっちり食うか？……980円やけど

関西に「さと」という和食のファミレス・チェーンがある。「すし半」というサブネームもついていて、二つが合体したのか、それともどちらが先にあった店なのか、よく知らない。法善寺に大きなお店があって、確か本店と書いてあったような気がする。

味は……ファミレスであるからして、期待しすぎるほどのものではない。ただ、刺身だ、鍋だ、寿司だのと食べられて、広くてこぎれいで、しかも安いのだから、町に必要欠くべからざる店なのである。なんといっても、居酒屋に子連れで行くのは抵抗があるが、居酒屋に近いメニューでおまけにお寿司まであって、子供もOKなのだから、すばらしいボーダーレスな発想だ。

私が嫁ぐ前、大阪市内の下町・千林では、「さと」は飲食店が軒をうねうねと連ねる裏通りにあった。かなりの面積を必要とするので、表通りには物件がなかったのだろう。しかし、駅から近く、老若男女の寄り合いの多いこの町では、とても繁盛していた。

1993年の夏の終わり、両親と私は初めて家を訪れた「東京の男」を連れて、この店へ来た。ガラガラガラッと「さと」に入るまでのいきさつは、こんなふうだ。

アライさんは、額に汗して立っていた。

バブル時代の名残《なごり》の、肩幅の広い、ズボンのだぶだぶしたダブルのスーツ姿だった。ストライプが入った薄いグレーのサマーウールだったが、湿気の多い大阪の、しかもごみごみした京阪《けいはん》千林駅で見るのは違和感があった。私がヤクザだったら、とっくに因縁をつけていたかもしれない、妙なぼんぼんっぽさが漂っていた。

迎えに行った私を見つけても、歯を見せずに笑った。よく見ると、汗も緊張分かいているようだった。

「よう来てくれはりました」

私はそう言って笑った。生まれ育ったところなので、すれ違う人ほとんどが顔見知りである。手をつなぐのははばかられたので、先に立って歩いた。

「ややこしいとこやで」

「……」

「人の顔、あんまりじろじろ見なや」

「なんで？」

真剣にそう聞かれて、私は立ち止まった。

「意味わからんの？」

「……うん」

私は、ふだんはけっして使わない言葉を将来の夫のために使ってすごんでみせた。

「ワレ、何じろじろ見とんじゃ！……って、因縁ふっかけて、殴られたりお金取られたりするかもしれへんやろ」

夫は口のなかで「えっ」と言い、飲み込んだ。

「そうか。わかった」

わかってない、と思ったが、これ以上びびらせたら、これから先、父親の前で倒れるかもしれん、と思い、私は下町の一般的風習を教えるのをそこまでにした。

我が家はアライさんを歓待していた。

その証拠に私が知らない間に父親が母親に「五目ちらし」を作るよう指示していたのだった。「五目ちらし」は父親の認める唯一の母親の得意料理だった。

たけのこ、蕗《ふき》、かまぼこ、ちりめんじゃこを混ぜた寿司飯に、甘辛く煮たしいたけと薄焼き卵を盛って食べる、何といって贅沢な具はないお寿司である。

「遠いとこ、よう来はった」

そこから始まって、父の一人しゃべりが始まった。そして、会話の間あいだに「うまいでっしゃろ、どんどん食べとくなはれ」とちらし寿司を薦める。結局、アライさんは、お皿に山盛りのちらし寿司を二皿食べた。

時々「ほんとにおいしいね」と横にいる私に言う目が、助けを求めていた。

そう、アライさんは「お嬢さんをください」と言いに来たのである。

しかし、父の一人しゃべりは止まらない。何度か言葉をはさもうとすると、突然大きな声で「そやけどアライ君……」「それはそうとアライ君……」と、また自分勝手に方向転換した話題に突入していくのである。

「で……あの……」

「そやけどアライ君！」

父の声は浪曲師のようである。歌う時に浪曲師ならよかったのだが、ふだんしゃべる時に浪曲師というのは、人を威圧するだけでお金にもならない。

アライさんがまた、私を見た。取り残された子羊のような目である。私はニヤッと笑った。これは歓待されている。大丈夫。何も言わんでもエエんとちゃう？　すると、何を判断したのか、アライさんは突然正座したのである。

「それであの、お嬢さ……」

すると、突然、一人しゃべりを続けていた父がスルッと言った。

「ほんで。式はいつにするつもり？」

アライさんは膝から崩れ落ちそうになりながら、小さい声で言った。

「は、春に……と」

「3月くらいはどうかな、と思てるねん」

私が助け船を出すと、父はそうか、とうなずいた。

「これは、何もできまへんよってにな。まあ、頼んまっさ」

そして、私たちは「なんぞ食いに行こう」と、「さと」へと繰り出したのであった。


娘の夫となるアライさんをもてなそうと、出不精の父がめっちゃ贅沢な店として選んだ「さと」であった。メニューの品数はめっちゃ贅沢であるが、その単価は驚くべき安さである。畳み掛けるように「にぎり」「鉄火巻」などと注文し、その後、何を思ったのか、父は「てっちり食うか？」とえらくもったいぶって聞いた。

メニューを覗《のぞ》き込むと、確かに「てっちり　1人前980円」と書いてある。

それまで、森家は「さと」でてっちりを頼んだことなどなかった。それぞれににぎりなどを1人前ずつにプラス何か、という食べ方しかしたことがなかったのである。

すでに母親のちらし寿司でおなかいっぱいになっているアライさんは、本能に任せればもうどうでもよかったにちがいないが、なぜか「てっちり」という言葉に興奮した。

「てっちりって、ふぐでしょ」

「そや。東京は、ふぐなんか食べられへんでしょう」

父としては、最高のもてなしを見つけたとばかりに胸を張った。当時はまだ1980円ふぐの店も東京になかったし、ふぐ専門店といえば一人3万円というような店しかなかったのだ。

現れたふぐは、一口大に切ってあったが、なんだかよくわからない。3人前のはずだが、量も少なかった。私は「記者時代に関西テレビの人に食べさせてもらったのとは、違う」と思いながらも、口にはしなかった。

どうぞ食べなはれ、と譲り合い、一口食べて、父が言った。

「これは、カワハギちゃうか」

私も食べた。父親の顔を見た。いたずらした子供みたいに笑っている。

「980円やからな。しゃあないな」

アライさんは神妙な顔をして、骨だらけのところの身をポン酢のなかにチャポンと入れて、身をつついた。そして、口にして言った。

「いや、ふぐだよ。これ、ふぐだ」

おなかいっぱいで、感覚が麻痺《まひ》していたのかもしれない。ふぐなんか、ほんとうに食べたことがなかったのかもしれない。それより何より、アライさんは「おとうさんにふぐをごちそうになった」と思いたかったのだ。……そう、私は思った。

「……そやな、ふぐやな」

アライさんの気持ちがわかったのか、父も、しみじみ言った。

そして、またも唐突に、こんなことを言い出した。

「そやけどアライ君。あんまり、偉《えろ》うならんでよろしいで。そこそこで、よろしいで」

その時は、意味がわからなかった。

「なんでやのん。出世してもらわな、困るわ」

私が言うと、父は骨だらけのふぐをつつきながら、ぼそりと言った。

「あんまり出世したら、……しんどいがな」

それが、嫁になる娘に向けられた言葉だと気がついたのは、ずっとずっと後になってからのことだった。

いつの日か、出世したアライさんのおごりで、内助の功の私と、両親とに、本物のふぐを食べさせてほしいと思う。

……980円じゃないやつを。

あじ平
ふぐもホルモンにこだわる

生野《いくの》区といえばあの焼肉で有名な鶴橋があるところだ。ところがどっこい、やたらとてっちりも多い。しかも安くて生きのいいふぐが食べられると聞いて、迷い迷いたどり着いたのが小路《しょうじ》3丁目の「あじ平」本店であった。

2丁目にもうひとつある店は、大将の弟さんが出しているとかで、そろそろ忘年会日和《びより》かというその日は、予約満杯であった。こちらもすれすれセーフで滑り込んだ。

一番奥に厨房が見える。その前にカウンター、プラスお座敷があって、総勢20人も入れば満杯。ぺら紙のたんざくの「てっちり2500円」「ちょうねぎ、あります」の文字に心が浮き立つ。連れのカメラマンとカウンターに座ると、隣は中年の禿《は》げたおやっさんと、20代前半、色白のお嬢さん。どうやら看護婦さんのようだ。おやっさんの商売は不明だが、てっちり勝負で口説《くど》きに出たと見た。

甘めのタレの絡んだほどよく柔らかい煮タコを辛子でつんつん食べながら、まずてっさと湯引き、それに白子焼きを頼む。東京から来た新人カメラマンくんは、ふぐ初体験。大阪のおばちゃんはそういう子に「うまーーい」と、びっくりさせてあげるのがうれしくてたまらない。困ったことに、おばちゃんは私だけでなく、店にもいた。

大将の美人の奥さんである。こういう店の頑固そうな大将の奥さんというのは、どうしてみな色白できゃしゃな美人が多いのであろうか。

奥さん、わくわくと心躍るように声をかけてくれる。

「あれもありますけど」

「えっ、あれが……大丈夫なんですか？」

「あれの毒はエサでできるらしいんですわ。養殖のふぐのあれは、毒ができないようなエサばっかり食べさせてますから、大丈夫みたいですよ。希望される方、多いです」

「ふうん……」

私は考える。もしアホなふぐがいて、養殖の網の外にあるエサまでパクパク食べてたりしたら、どうなんのん？　小学校のクラスには必ず「食べてはいけません」と言われている校庭の木の実を食べる男子とかがいたではないか。

「じゃあ、すいませんが、少し」

真っ白につやつや光るレバーのような一口大の切り身が二つ。てっさと同じポン酢がかけてある。

よし、と気合を入れて、口に含む。歯に抵抗してくるような弾力。噛むと、白い、まったく臭みのない牛乳のような汁があふれる。

「うわ、こんなん、食べたことない……」

感動のままに生き長らえて、あつあつの白子焼きもほお張る。

「なんでしょうねえ、この旨《うま》さは……ぼくはこんな食べ物、知りません」

なんとも説明できずにいると、とうとう、てっちり登場。

大将が、教えてくれた。

「養殖。九州あたりの養殖のほうが今はエエ。形も大きいし。天然はろくなんがないで」

「でも、東京で食べる養殖ものと違うでしょ」

「そやなあ。東京の店で出しとるのは、港でさばいたのを真空パックにして送ってるらしいからな。ふぐは、その店でさばかんといかん」

食べ終わった鍋で雑炊にしてもらい、汁も残さずいってしまった。そして次の瞬間、私とカメラマンくんは途方もない後悔をググッと募らせた。

「ちょうねぎ、食べ忘れましたわ」

すでにおなかがトラフグ状態。奥さんが「今度ねー」と笑った。

DATA
大阪市生野区小路3―5―16　TEL06（6754）4669
《めじるし》住宅街のなかで、特にない。必ず予約をして、タクシーで住所を言って行き、迷ったら奥さんに電話するしかない

ふぐ太郎

1980円が常識になっても、焼きふぐは新しい！

今里新地《いまざとしんち》といえば、飛田《とびた》新地と並ぶ大阪の歓楽街である。うちのおじいちゃんなどは赤線とか言っていたように思う。「やり手ばばあ」などと呼ばれる客引きのおばさんが角々に立って「エエ娘、いてまっせ」と言う、そういう場所であった。

その今里に安くておいしいふぐ専門店があるという。

どうやらそこが、「てっちり1980円」ブームのさきがけであるらしい。

連れていってくれたのは、いつも『VERY』の仕事でお世話になる、ロケバスの小松くんだ。小松くんは基本的にはカメラマンなのであるが、ロケバスもやり、情報収集もやり、手作りのパソコンなども作っている。とりあえずどれも楽しそうな、年下の男の子である。

ロケバスを100円パーキングに止め「ふぐ太郎」に向かう。

けっこう大きな店だが、美しいとは言い難い。通路のそばに並んだ、4人掛け座敷テーブルに通される。通路はタイル張りで厨房とつながっており、ゴムの草履《ぞうり》が下町の銭湯みたいに散らばっている。

ためしにトイレに行ってみると、いきなり洗面台の蛇口が壊れていた。なんか、個室も水びたし。

「トイレ、えらいことになってたわ」

私が席に戻って訴えても、みんな応答なし。心はふぐなのである。ビールが着いており、恭しく、メニューをめくる人ばかり。

「とりあえず、任せてもらえますか?」

小松くんはてっさ、ふぐ皮ポン酢、焼きふぐ、てっちり、雑炊を頼んだ。

驚いたのは、焼きふぐ、である。

ほかのものは他の店でも食べられるし、味も普通だが、この焼きふぐという食べ方にはおそれいった。

七輪でふぐの切り身を焼き、ふくふくと真っ白に盛り上がってきたところで食べる。下味として塩と一味唐辛子が振ってあり、焼くときにおろしにんにくをちょこっとこすりつけておく。ちりちり焼けると、こんがりとにんにくの香り。これがポン酢にちょっとつけると、ピリリとおいしいのである。

「何個でもいけそうやねえ」

そうは言ってみたものの、まだてっちり、雑炊と続くのである。自制心が必要だ。独自に徳島産のスダチを手で絞っているという豪快なポン酢で、思いきりふぐの身を食べる。

「ああ、もうふぐはいらん」

そう思っても、ふぐのダシの染みた白菜や春雨には箸が伸びる。

最後の最後の春雨まですくって、小松くんが「雑炊いきましょう」と頼んでくれた。

ご飯は、1人前。けっこうな量がくるし、3人で2人前の鍋を頼んで、このくらいがダシも楽しめて、ちょうどいい。

小松くんは、雑炊作りの天才であった。さらさらとご飯粒が固まらず、卵は半熟にとじて、おネギは最後にさっと。

おたまで静かに混ぜて、出来上がり。

小鉢に、2杯ずつくらいはあった。おなかいっぱいのはずだったのに、ぺろっと食べてしまった。

「この店は、一回来たことがある人と来たほうがエエな」

私が感心して言うと、小松くんは言った。

「もう『VERY』のモデルさんにはみんな来てもらってますから」

「うそ！　りさ子さんも？」

「はい」

小松くんは胸を張った。りさ子さんも、あのトイレに入ったのだろうか。……だとしたら、かなり人間的にできた人だと思う。

焼きふぐの味に、それも許せてしまったのかもしれない。

DATA
大阪市生野区新今里3－2－5　キッポー今里1階
TEL06（6753）6092
《めじるし》最寄駅は近鉄奈良線今里駅だが、ちょっとある。新今里公園近く

治兵衛

酸っぱめポン酢が後味すっきり

天神橋筋商店街は、おいしい店、おいしいもんの宝庫である。梅田界隈が栄える前は、このあたりが心斎橋《しんさいばし》と肩を並べる、キタの大阪の中心となる繁華街だったという。

その証拠に、今、大阪で輸入物の洋装店などを手広くやっている店の母体は、天神橋筋にあったというようなこともよく聞く。

天神橋2丁目の北端のビルに本社を置くFM802が開局する時、私はプランナーをやっている澁谷サンという人と一緒に天神橋筋キャンペーンというのをやった。町の商店会のえらいさんたちに「引っ越してきました。よろしく」という手打ちをやったのである。

えらいさんのおっちゃんたちは、みんなで大歓迎してくれ、店にポスターを貼ったり、一日中FM802を流してくれたりした。

その時、4丁目の人たちが最もがんばってくれた。

その4丁目の始まり、阪神高速のそばにあるのが「治兵衛」なのだった。

1階はテーブル席と厨房があり、ふぐをさばく様子が生々《なまなま》しく伝わってくる。板前さんたちは本格派で、きりっとした緊張感と清潔感が伝わってくる。

お薦めは2階である。

畳の個室があるのだ。まったくの民家ふうで、窓なんかも開けられるから、食べていて「暑い暑い」となったら、勝手に窓を開けて涼んだりもできる。

ふぐはコースになっていて、前菜、てっさと皮ざく盛り合わせ、てっちり、唐揚、雑炊で5000円と大満足。7000円コースもある。

てっちりだけなら3950円。家族連れなら、それもいいかもしれない。

1980円があり、1万円があるてっちり。さて3950円という値段をどう考えるか。

まずふぐそのものの質と味であろう。あとは流通経路、店の場所、雰囲気、いろんなものを足し算したり、引き算したりして、値打ちを考えるわけである。

そうやって考えると、ここの3950円は妥当、なのである。

まず、ふぐの身がよい。調理も、きちんとしてあって、身に血がにじんでるなんていうこともない（それはそれで、どきどきして面白い、というのもあるけれど）。

メニューなどの字も高級感があり、個室で食べれば特別感も味わえる。

つまり、昔キタの中心であった町で食べるという気概が十分味わえるのである。

もし、東京などからお金持ちの方がいらした場合、帝国《ていこく》ホテル大阪などにお泊りになっていらっしゃるのであれば、ここまで15分足らずでぷらぷら歩いてくることも可能である。

あるいは、北新地での接待より場所を変えても実をとる、場所よりも味にこだわって通ぶると考えるならば、この店の個室確保は案外いい感じに受け止められるかもしれない。

お土産《みやげ》には、オリジナルのポン酢も売っている。

やや酸っぱめ、きりっとしたなかに、スダチのフルーティーさが漂う「なんぼでもいけます」系のポン酢である。これはかなり、質のいいふぐ用だと思う。おそらく、霜降り肉のしゃぶしゃぶにも合うに違いないし、オリーブ&コーの「レモン&オリーブ」というオリーブオイルと合わせれば、素晴らしいドレッシングにもなるに違いない。

余談ながら、大阪には有名な八尾の「朝日ポン酢」というのがある。売っているところが限定されているが、このポン酢は、どんなものでもおいしくなる魔法のダシ味しっかりポン酢である。

「治兵衛」のポン酢はどちらかといえば、もっとすっきり系。

ふぐにこだわれば、ポン酢の戦いも激しくなるのである。

DATA
大阪市北区天神橋3―11―13
TEL06（6353）4―129
《めじるし》JR天満駅下車（地下鉄南森町駅でも可）、天神橋筋商店街4丁目のあたり

第 5 章

くじら

誰にでもできるハリハリ鍋の作り方

ハリハリ鍋は、本当においしい。

寒い時期、霜をかぶって柔らかくなった露地ものの水菜が出回り始めた頃が、旬である。

作り方は簡単だ。

材料は、鯨肉、水菜、ついたこんにゃく（5ミリ角くらいのもの）、焼き豆腐。

鍋にカレーのスプーンで山盛り2杯くらい、どさっと砂糖を入れ、そこにお酒としょうゆを入れて、やや濃いめの、適当な味にする。

汁が煮立ったら、鯨肉を入れ、さっと色が変わったら、焼き豆腐、こんにゃくを入れて、ぐつぐつ煮る。そこへ、またどさっと水菜を山盛り入れる。

水菜がしなっとしたら、出来上がりである。

すき焼きのように生卵をつけて食べる人もいるが、煮た水菜から水が出るので、私はそのまま食べる。赤身の、柔らかいところをさっと煮た鯨肉は、ほのかに血の味がする。

その臭みが嫌いという人は、鯨肉とは縁がない。たぶん「鯨を捕獲するなんて人でなしだ！」と叫ぶ動物愛護の人たちが聞いたら怒ると思うけど、私はその「動物な感じ」がなんとも好きなのである。

昭和30年代に生まれた人なら、まだ小学校の給食に「鯨肉の竜田揚げ」が出たのではないかと思う。何年か前にある雑誌で給食の取材をしたら、大阪市の給食というのはメニューの改良がかなり遅れていたらしく、おそらく私と同じ昭和39年生まれの人でも、他県の人たちは「鯨肉の竜田揚げ」を知らないかもしれないということだった。

ただ、それまでの人たちには、私の親くらいの年齢の人も含め、「鯨肉」といえば「竜田揚げ」だったらしいのである。

しかし、ここで「鯨肉秘密推進会」（たった今、作りました）の私が言っておきたいのは、給食の「鯨肉」は「鯨肉の味がしなかった」ということである。

あれはまるで鹿のウンコだった。といっても、鹿のウンコを食べたことはないが、ガシガシに硬くて、味なんかしなかったという記憶がある。

「鯨肉の竜田揚げ」は、給食＝まずい、の代名詞的存在だったのだ。

鯨肉といって、あれを思い出すなら、まず、あれは別物だと思ってもらいたい。

ハリハリ鍋、という言葉は、水菜が嚙んだ時に歯切れよくシャキシャキいうところからきている。これが東京で始まったなら「シャキシャキ鍋」とか「チャキチャキ鍋」になったに違いない。

大阪人はこれを「ハリハリ」と表現した。切干大根を酢としょうゆに漬けた「はりはり漬け」という漬物があるが、理屈は同じかもしれない。

東京で生活していると、「ハリハリ鍋」という言葉すら知らない人がいるし、「鯨を食べる」と言うと「エエッ」という人もいて、ふうん、と思う。

「ああ、昔は食べたんですよね」

とか言われると、古代人になったような気持ちになる。

「えっ、捕っちゃいけないんですよ、鯨」

と、非難されると、そのうち「鯨を食べる」ということで差別されたりしたらどうしようと、私は真剣に悩む。

鯨好きの父親に相談すると、

「鯨食わへんやつは、アホや。東京のスーパーは水菜だけ売ってるてか？　どないして食えっちゅうねん！」

と一喝《いっかつ》していた。

なんでも、戦後、とにかくたんぱく質の補給源として鯨が一番安い肉だったのだそうだ。

その「鯨」が、数十年でなぜ、タブー視されなくてはいけないのか。

最近では、なんだか「マグロを食べるのもかわいそうだ」という意見が出始めているらしい。

ところが、これに対して、日本人は誰も、なーんも言わないのはなんでだ？

このままでは、日本人は、食文化を失う。

せめておいしいもんはおいしいと、言うべきだと思う。

まず「ハリハリ鍋」だ。

「ハリハリ鍋」は誰にでも作れる。

鯨さえ、あれば。……

西玉水

明治天皇も食した狩場焼きをありがたくいただく

「すいません。クルマなんですが、場所、ようわからないんです」と電話すると、摂氏2度とか3度とかいう寒い夜だったのに、ご主人が割烹着《かっぽうぎ》で外に出て待っていてくださった。裸足《はだし》に高下駄だった。

ちょっと感動しながら白木のカウンターに座る。2階には宴会のできる大きな部屋もあるようだ。

明治18年創業、とある。もとは玉水《たまみず》、西玉水、東玉水、と3軒あり、大阪の歴史的な古い文献に「西玉水」の名があったことから、この店だけになった時、それを残したのだという。

筆で書かれたメニューに明治天皇が名づけられたという料理があった。「狩場焼き」と書いてある。

「明治天皇が、京都の狩場に来られて、その時にお出ししたものに名づけてくださったんです」

どうやら鯨肉を鉄板で焼いたものらしいが、ご主人は、多くは語らない。「しゃべりすぎ」の多い大阪らしくない店である。

私たちのほかには、妙齢のカップルが一組。

静かにとっくりを傾けている。

こんなところで大きな声で下品なことも言えないので、こちらもしみじみと、鯨のお刺身、鯨ベーコン、ハリハリ鍋を頼む。

小さめの器に、きれいに切り揃えられた真っ赤な尾の身が載ってきた。

見た目は馬刺しみたいでもあり、上等のマグロの赤身のようでもある。

口に入れると、そのどれでもない味。魚っぽくもあるけれど、歯切れが生の肉。じっくり味わって食べないと、もったいない。

「いいお肉ですね」

そうとしか言いようがなくて言うと、ご主人が教えてくれた。

「これはナガスクジラですからね。アイスランド産です。日本で捕れるのは、たいていミンククジラで、ちっちゃいやつだから、おいしくない」

ハリハリ鍋は、ご主人があらかた炊いてもってきてくれるか、こちらがカウンターで炊くか、どちらか聞いてくれる。

「こちらで炊かしてください」

「じゃあ、煮すぎないでくださいね」

結局、ご主人注視のもと、タイミングを指示してもらって食べた。

ここのハリハリ鍋は、１人前２５００円だけど、お鍋がちっちゃい。これでおなかいっぱいにはならない量だ。

コースは１万３０００円と高いけど、それが一番楽しめるんだろうな。

赤身の肉には山椒がパラリとふってあり、ダシごと小鉢によそう時、しょうが汁をたらす。どちらも、ほんの少し香る。でも、鯨の味やダシにしっかりついた鰹と昆布の味を邪魔《じゃま》するほどではない。

「あー、おいし」

ずずっと汁ごとなくなっていく。

このお汁で、日本酒が飲めそうな気がする。

そんなことを考えていると、目の前のあの優しいご主人が、若返っている。

「えっ」

逆浦島太郎効果？　いやいや、まさか、とまじまじ見つめてわかった。

「あ、息子さんですね」

「はい」

奥に和服姿で切り盛りしているおかみさんが、お母さんらしい。

まだまだ、古いことのよさを大切に守っている家族があるのだな、と思った。

心の奥に清涼感が残った。料理と一緒に、志を食べさせてもらった。

DATA
大阪市中央区島之内2—17—24　TEL06（6211）6847
《めじるし》地下鉄千日前線、堺筋線、日本橋駅下車、南府税事務所前

徳家

衣つきくじらの不思議な食感とピリリ味にはまる

大阪でハリハリ鍋というと、真っ先に名前が挙がるのが、この店だ。なんせ、パンフレットにおかみさんが暖簾をあげる姿が載っているところからして勇ましい。

この方なのか、先代なのかはわからないが、私は10年以上前に「徳家のおかみ」が華々しく社会面を飾った新聞記事があったことをしっかりと覚えている。あんまり素晴らしくて、しばらく切り抜いてもっていたくらいだった。

記事というのは、こうだ。どこの国からだったか、日本に「捕鯨反対」の団体がやってきた。「クジラハ、ホニュウルイデス。ワタシタチニンゲンモ、ホニュウルイ。タベルナンテザンコクー」というわけである。

そこで、おかみが一人で立ち上がった。なんと、その国際的な会議に、鍋をもっていき、全員にハリハリ鍋、つまり鯨を食べさせたのである。「どんなにおいしいものか、どんなに体にいいものか、とにかく食べてもらわんとわからんでしょう」

おかみのそんなコメントが載っていて、その隣にその「捕鯨反対」委員会のコメントも載っていた。「たしかにおいしいけれど、やっぱりかわいそうだし……」みたいな、ちょっと腰砕けな感じだった。

……そんな武勇伝を語り合いつつ、テーブルに座ると当然のごとくハリハリ鍋だ。

おっとその前に「ベーコン」とか「コロおでん」とか「百尋《ひゃくひろ》（腸らしい）」なんかをつまみに一杯始めておく。「何食べてエエかようわからん」という人には、コースが8000円くらいからあるので、それにしてしまってもいい。

私は「ベーコン」が好きだ。辛子とおしょうゆをちょっぴりつけて、くちゅくちゅ食べる。肉の脂身はたいてい苦手だけれど、鯨だけは大丈夫。後でもたれたりもしない。脂肪の質が魚に近いのだと聞いたことがあるが、納得できる口当たりである。

この店には「舌ベーコン」というのもある。「舌」とか言われるとちょっとグロな感じで頼まなかったが、脂の部分が多く、ちょっと分厚めに切ってあるようだ。

「生ハート」というのもある。心臓で、生なのである。ネーミングがそのまんまでおかしい。

ま、私のエッセイもそうだけど。

うだうだやっているうちに「ハリハリ鍋、いきますか?」と言われる。打ち出し鍋の中には、鰹と昆布のきれいな琥珀色《こはくいろ》のダシ。そこに何やら、大きなしし唐みたいなのが入っている。

「青唐辛子なんですよ」

かじったら辛そう。でも、ダシに浮かんでいるだけなので、ほのかにピリカラ成分を出すのみだ。そこへ、片栗粉をまぶして湯通しした鯨を入れ、水菜をたっぷり入れて食べる。鯨の臭みはまったく感じず、はらはらと柔らかく、おそらく初めて食べる人でも、絶対においしいと思える味になっている。

最後に細めのおうどんを入れれば「もうちょっと鯨食べたいかなー」と思うおなかもかなり満足できる。

ビルの2、3階とある店内は、テーブル席あり、座敷席ありとけっこう広いが、一応予約はした方が無難だ。

ハリハリ鍋オンリーなら4000円。よそでたこ焼きでも食べて、ハリハリ鍋でしめくくる、っていうのも、許されるだろう。

大阪以外の読者で、もし未体験の人がいたら、鯨バージンは、早くここで捨てた方がいい。

DATA
大阪市中央区千日前1−7−11　kamigataビル2、3階
TEL06（6211）4448
《めじるし》道頓堀川と平行に、角座の一本千日前寄りの通り沿い

第　6　章

にく

大阪のにく、東京のにく

結婚して上京する少し前に、両親や親戚におどされた。

「東京へ行ったら、豚肉しか売ってないで。牛肉食べられへんやろうから、今、食べときなさい」

月1回は東京出張していた私は、そんなアホな、と反論した。

「そんなこと、あらへん。焼肉屋かて、ぎょうさんあるし」

しかし、みんな、それでも信じなかった。

「いやいや、それは、店屋はあるやろ。肉屋行ったことあるか?」

「……ないけど」

「普通の人は、ほとんど食べへんのや。肉じゃがもすき焼きも、豚でするっちゅうやないか。そんなもん、食えるかい」

両親は東京のことをほとんど知らないので、いいかげんなことを言っているのはすぐにわかったが、叔母が言うのにはちょっとした経験にもとづくわけがあった。

それは、当時小学校1年生になったばかりの私と一緒に、浜松で経験したことだった。

昭和40年代の出来事である。

叔母のだんなさんはもともと浜松の人で、兄弟姉妹はほとんど全員、東京、千葉、横浜と関東圏に住んでいる。夏休みになると、みんなが子供を連れて集まるので、なかなか子供ができなかった叔母とそのだんなさんは、私を連れて帰省したのだった。

私と叔母はその家のお母さんに「カレーするから、肉買ってきて」と言われて、その辺りに1軒しかないスーパーマーケットに行った。

しかし、肉売り場の前で驚いた。鶏肉と、豚肉と、あとはそのミンチしか置いていなかったのだ。

「カレーって『にく』でするやんなあ……」

私と一番新米の嫁である叔母は顔を見合わせた。

「あの『にく』は……」

叔母が口ごもるように言うと、売り場のおじさんは「あんたらはいったいなんなの？」という感じでぶっきらぼうに言った。

「全部肉だよ」

あ、そうか、と私は思った。肉は、肉。ええっと、そうそう、牛肉っていうのとちゃうのん?

「牛肉は?」

叔母がまた聞くと、おじさんは、当然のように言った。

「牛なんか置いてないよ」

帰って聞くと、お母さんは大笑いした。

「カレーだったら豚に決まってるじゃないの。エエッ、大阪は牛肉なの? まあ、なんて贅沢だこと」

叔母は「結婚に失敗した」というような顔をして、奥目がちな目をいっそう奥にしていた。

7歳の私は「浜松の人と結婚するのはやめよう」と心に誓った。


しかし、東京の人と結婚してみると、まんざら親戚や両親の言ったこともウソではないということに気がついた。

東京の一般家庭は「肉じゃが」を当たり前に豚肉で作るらしかったのである。

うちの夫の家がビンボーだったのかもしれないが、私は夫に「牛肉で肉じゃがを作るなんて初めて聞いた」と言われた。まさかと思ったが、デパートで買う「肉じゃが」の肉も、豚だったときは、本当に驚いた。

別に贅沢なのではなく、大阪では肉といえば、牛肉なのである。

肉のなかに豚があるのではなく、肉と豚は別物なのだ。

にく、といえば、牛肉。その証拠に、お好み焼きを食べに行くと「豚玉」と「肉玉」に分かれている。「肉玉」は牛肉と卵の略だ。

そこには、料理の名前か、素材そのものか、どちらを重視して食べるのかという、東京と大阪の文化の違いがあるような気がする。

東京は、建前の世界である。人に話すとき、体裁から入る。

「昨日、何食べたの？」

「すき焼きよ」

その中身が豚肉であろうと、「すき焼き」は「すき焼き」なのである。

対して、大阪は、実を取る世界である。

「今日、何食べるぅ？」

「そやなあ、肉食いたいなあ」

とにかく、何か、素材を口にすることが多い気がする。

とりわけ「肉」というのは、直接的な食べ物である。ウーッと元気が出る。精がつく。動物である人間が、他の動物を食べるのだから、弱肉強食。本能的で、野性的だ。

そこが、また大阪に合うのかもしれない。

ひいては大阪には、韓国の人が日本一多く住んでいる。韓国の焼肉文化もストレートに存在しているわけだ。

ホルモン、というのも大阪発祥らしい。

「ほうるもん」（捨てるもん）という大阪弁の語源があるという説もあるが、これは定かではない。

肉屋さんやデパートにも、けっこうポピュラーにホルモンが並べてある。

レバー、ミノ、センマイ、ハチノス、マメ、ココロ（名前の部分がどの内臓かはぜひ大阪の焼肉屋で確かめましょう）。ちなみに、東京では「ミノ」だけをホルモンとか言う店があるが、あれは間違い。私は店でそう注意してあげたこともある。

私が中学生くらいの時、家に焼肉セットを買って、記念すべき「第1回家族で焼肉パーティー」をやった。当時、扁桃腺《へんとうせん》を腫《は》らしてばかりいた浜松だんなの叔母の娘、従姉妹のトモミも呼んできた。まだ小学校に上がる前だったと思う。「精つけとかな、学校行かれへんで」と、おっちゃん（うちの父）が気遣ったわけである。

千林で珍しくココロを売ってたと、焼肉奉行《ぶぎょう》の父が、焼いたのをトモミの皿に載せた。

「おっちゃん、これ、何？」

トモミが食べながら聞いた。

「それ、心臓や」

父が言うと、トモミはおいしそうに食べながら、でもちょっと怖そうに、聞き返した。

「ふうん。墓から取ってきたん？」

全員、シーンとなった。2秒ほどして、爆笑になった。

「食べながら言うか？」

私は、人間って、教育が必要だと思った。

人食い人種をバカにしてはいけない。誰でもそうなる可能性があるんだな、と。

肉には、そういうこわーいところがある。

「にし」と「にしやん」

肉好きラガーマンの挑戦

大阪には安くておいしい焼肉屋さんがびっくりするほどある。

グルメ雑誌に載っているだけでもかなりあるし、「そんなもんに載らんでもはやる」と豪語したって安くておいしいから当然はやるという店だってくさるほどある。

ここ1〜2年はおしゃれ系コリアンフードが流行で、大箱カフェとして人気の堀江《ほりえ》の「TILE」や、鰻谷《うなぎだに》から本町に引っ越した老舗《しにせ》バーの「マーブル」などもフードはコリアンだったりする。

そんななかで、コリアンフードといわず、あえて「焼肉」にこだわって、しかもオリジナリティのあるメニューとおしゃれな店づくりを目指すのが「にし」である。

焼肉屋と思えないほど油っけのない、真っ白でライティングに凝った店内には、黒田征太郎の線描きのイラスト。

オーナーの西川雅樹さんは、もともと大阪経済大学でラグビーをやっていたラガーマン。いったいこの人は今まで何トンくらい肉を食べたのだろうかと思うくらい、がっしりしたフォワード体形である。

体育会系であるからして、礼儀正しい人だ。

「東京からの芸能人のお客さんも多いんです」

関西テレビの局のプロデューサーやなんかが、連れてくるらしい。私はすでに、その日の前日に「宮沢りえが来ていた」という情報を某所から入手していた。りえちゃんが食べたものを食べたいとか思ってしまう人間である。……情けない。

西川さんが笑って教えてくれる。

「じゃあ、牛すし、まず食べてください」

牛すし、4カンで1400円。マグロの大トロです、と言われたらそれはそれで信じられそうなルックスでご登場だ。

ご飯が少なめなので、一口で食べる。あれ、溶けてしもた。これは、おいしい。

「特別な佐賀牛のいいところだけ、入れてもらってるんです。シャリも、特別に作ってもらってる近江《おうみ》米です」

なんとまあ、贅沢なオードブルには、この店のもう一つの自慢である、ワインである。

そんなにビッグネームはないが、1本5000円以内で、おいしいのが飲める。薦めてもらったのはイタリアワインだったが、お肉に合う、こっくりした、渋すぎない赤だった。

「さいころタン」も頼む。さいころ状に切った分厚いタンだ。炭火で焼くと、じゅうじゅう脂が出る。ねぎサラダも頼む。ごま油と粗挽きの胡椒がきいた、さっぱりしたサラダだ。山盛り出てくるが、レタス系よりも食べやすいし、肉に合うと思った。

二人でけっこう飲んで食べて、合計1万6000円くらいだった。

大阪にしては高いけれど、高級感はあるし、大阪ではお金を払っても得がたい静かな落着きがあるし、これはこれで、スポンサーのいる時、パートナーの弱みを握った時などには使える。

しかし、おいそれと自腹で来られる値段でないのは確かだ。そこで、西山さんは考えた。

ディフュージョン2号店として生まれたのが「にしやん」である。

「食べ方を変えて、味のクオリティは落とさんとこうと思いましてね」

で、どうしたか。

「たとえば『にし』で余った特上カルビの切り落としを串に刺して焼くとかね」

たまたま夏に食べる機会があった。15人くらいでわーっと行くのにぴったり。この切り落としのジューシーな串焼きも、やや脂っこいけど、生ビールに相性ぴたり。

ぶつ切りのキャベツにソースをつけてガシガシ食べれば、一仕事終わったトラック野郎気分である。

最後は西川きよしのようなめんたまの飛び出た生卵を割り込んだ「卵ご飯」をかっ込んだ。

場所も、高速道路の高架下の半分屋台みたいなラフなつくり。

両方の店を行き来して、落差を味わうのが楽しい。でも一年中「にしやん」のほうしか連れていかない男とは、付き合わないほうがいい。

DATA
大阪市北区同心2―13―6　TEL06（6357）7600
《めじるし》帝国ホテル大阪の前、源八橋西詰の信号を同心町の通りに入る

玉一

情報誌の編集長も、普通のサラリーマンも、焼肉ならばここと言う

リーガロイヤルホテルの下のピアノのあったセラーバーが、コリアンになったと聞いた。大阪はここ1~2年、ヌーベル・コリアンブームらしい。

しかし、ちょっと味にうるさい同年代の地元民はこれらを「どないやろな」と否定した。

そして「焼肉って、やっぱり鶴橋かな?」と聞くと、ほとんどの友人がこう答えたのである。

「いや、鶴橋まで行かんでも、玉一行ったらエエがな」

某情報誌の編集長をしている、元スポーツ新聞記者仲間のミワくんも言った。

「オレ、こんな仕事していながら、そんなに知らんのよ。でも、今はやりのきれい系以外で、ほんまにおいしい焼肉とかコリアン食べたかったら、玉一やと思うで」

そうか、玉一か。玉一。玉一。……私は、玉一の夢を見るほど玉一に行きたくなった。

しかし、月1回の大阪取材、私の一存だけで何がなんでも「玉一」に行くわけにはいかな

い。それにその店は日曜定休、平日のいい時間帯は行列ができるというのである。

行列のできる店はオープン時間に駆け込め！ これ、全国共通グルメの鉄則である。「玉一」の開店時間は夕方5時だ。

ある日とうとう、チャンスはやってきた。

光文社から『DIAS』という週刊誌が出ることになり、そこでコラムを連載することになったのだが、珍しく（？）わがままを言って、イラストレーターを大阪の人に頼むことにした。森チャックさん。森といっても身内ではない。28歳、ストリートでイラストを描いて人気爆発した、モテモテ男である。20代の私なら「ガロみたい」と敬遠したルックスであるが、今は成熟したのか、単なるおばちゃんになったのか、それもなかなか興味深い。

『DIAS』の編集者がわざわざ大阪まで行くと言い出し、一緒に会いに行くことになった。待ち合わせは梅田のホテルに4時。ひとしきり仕事について話し、おもむろに切り出した。

「チャックさん、この後、ちょっと1時間ほどつきおうてもらえません？」

「いいですよ」

「じゃあ、玉一行きましょう」

私は編集者とチャックさんを無理やり「玉一」に連れていった。こういう行動を私の夫は「大阪名物パチパチパンチのような森綾のアタック」と呼ぶ。これを意識混濁するまで続けられて、気がつくと結婚させられていた、と夫は言うのである。まあ、正しい。

しかし今回の目的は結婚でも恋愛でもなく、玉一なのである。

天五の商店街を入り、角のスーパーで道を聞いたら、すぐ教えてもらえた。

あった。玉一。夢にまで見た、玉一。どうやら、表の店はコリアン料理のみで、厨房はつながっているようだが、奥の方の店に焼肉のテーブルがあるらしい。

「焼肉、食べはりますか？」

と聞かれ、はい、と言うと、奥へ案内された。靴を脱いで板の間へ上がり、5色のコリアンカラーのお座布団に滑り込む。すぐメニューを開き、食い入るように見る。

「……何がおいしいですか？　何でもおいしいとは思うけど」

店の人の答えは、明解だった。

「高いのが、おいしいです」

すかさず私は1800円の特上ロースを頼んだ。編集者がうぐ、とうめいた。専制攻撃。もっと攻撃したかったが、それ以上高いものはなかった。肉をいろいろ、チヂミも、キムチ盛り合わせも、と頼んで、さあ、食べよう。

「あ、なんか、ぎとぎとしてないですね。タレがすごくすっきりしてる」

チャックさんが言った。実に素晴らしい指摘だ。肉質に自信があるから、タレでごまかさなくてもいいのだろう。キムチも辛すぎず、だしの味わいが深い。特上ロースはとろけるような柔らかさで、さすが高いのはおいしい、と思った。

何回も網を替えてくれる優しさもついて、3人で1万800円だった。

今度は誰にアタックして連れてこようか。

「玉一行かへん？」と言えてこそ、特上ロースな、大人の女である。

DATA
大阪市北区池田町17―4　TEL06（6353）8626
《めじるし》スーパー丸正の角を左に曲がってまっすぐ歩くと、すぐ

YUZAN
シャネルを着ていける焼肉レストラン

もともとは生野にあった名店が、とうとう南船場にやってきた。

堂々のミナミ進出は、店構えにまず驚いた。レンガ作りで、まるで奥にはバラクライングリッシュガーデンでもありそうな高級感。店のなかも、なにやら高そうな感じで、奥にはVIPルーム的囲みも存在する。

ひとつひとつのテーブルが大きいのも、高級感をかもし出すひとつかもしれない。

シャネルを着ていける焼肉屋。「にし」もそうだけど、こういうしゃれた店を、従業員の態度や料理も含めてきっちりやっていくというのは、「うまかろう安かろう」が当然の大阪ではものすごい勇気のいることだと思う。はっきりいって革命的である。

ここを経営する安田宰英《ただよし》さんという人は、自分でワインを直輸入している。フランスやイタリアに出向いて、現地で話題だったり、自分がピンとくるものを集めてきているのである。

それこそ半端な輸入量ではなく、畑を押さえるという感じで仕入れるらしい。そうすることによって、本当においしいワインをこれまたボトルで最高6000円台までで客に出せるというわけだ。

分厚い写真入りのメニューを見れば、安田さんの足跡と、ワインとそれをつくる人への愛情がわかる。

私はフランスの建築家がつくったワイン、なんていうのを頼んでみた。シャープで造形的……なあんてそれらしいことを言ってみたくなるところが、おもしろい。バランスがよくて、がぶがぶ飲めただけだけど。

肉料理には赤、とか決めつけがちだが、白ワインもかなりの充実ぶりだ。たまたま葡萄屋のママがいらして、こちらがお嬢さんにお世話になったのに、1本ごちそうしてくださった。

ナッツの匂いがするような、芳醇《ほうじゅん》な濃い白だった。しっかりした白に上等の和牛というのは、日本でしか食べられない味かもしれないと思った。ママが着てらした、シャネルの白と黒の組み合わせにも通じる、むずかしい粋に似ている。

この店がますます、大阪のシャネルと通じると思えてきた。

料理は、ヌーベル・コリアン。ややイタリアン的なビジュアルのものも多い。生のお肉も

「ユッケ」とか言わず、「牛肉のカルパッチョ」として出てくる。付け合わせの野菜もしっかりあるし、さあ、もう次は焼き物へ。

「焼きしゃぶ」を頼んだ。なんとお店の人が極上ロースを1枚ずつさっと焼いてくれるのを、ポン酢で食べるという贅沢な料理。

肉はもちろんのこと、おそらくこれも自家製であろうポン酢がおいしくて、何枚食べても舌が喜ぶ。

肉、ワイン、肉、ワイン、と両手が忙しい。

ボトルを見つめて「あー、もうちょっと」と思ってふと横を見ると、ワインセラー。

メニューに載っているだけでなく、100種類以上のワインがストックしてあるという。

他のテーブルも、ほとんど大きなワイングラスが置いてある。

ベンツで来る客が多いのも特徴。大阪の事業系お金持ちが集う店、ということか。

意外に家族連れも多くて驚く。こんな肉から食べ始めた子供は、いったい大人になったら何を食べればいいのかな、といらぬ心配をしてしまう。

ランチは1000円からあるらしい。

昼間っから飲めるという時に、行くのもいいかもしれない。

そう、気分はお金持ち、である。

DATA
大阪市中央区南船場1―10―2　三和トレーディングビル1階
TEL06（6265）1199
《めじるし》地下鉄長堀橋駅下車、長堀通りから一本北。南高校グラウンド前

はり重
カツサンドでレトロな大阪気分

昭和23年創業。そう聞いて驚いた。もっともっと昔からあるような気がしたからだ。大阪でミナミの「はり重」といえば、すき焼きである。それも、最高級の肉を食べさせてくれる店として、老いも若きも知っている。

こんな本を書くのに、私はここのすき焼きを食べたことがない。「はり重」にすき焼きを食べに家族で行くなんて医者とか豪商とか。仕事で行くなら由緒正しき会社の接待とか。私が行くのは、併設されたグリル、カレーショップ、アメリカ村のはずれにある牛丼とかがある店、のどれかだ。

一番好きなのは、グリルだ。

ここは、光が茶色い。時間が止まっている。一般大衆が、よそ行きの顔をして、子供にレースの靴下とエナメルの靴を履かせて、月に一回、やや緊張して出かけたような雰囲気が残ているのである。

頼んだ食べ物が出てくるのもけっこうゆったりしている。グリルなのに幕の内弁当があったりして、そのひとつひとつの凝ったおかずを手作りしているから、時間がかかるのかもしれない。

大阪人は「いらち」だから、待ってられないはずなのだが、みんな比較的おとなしく待っている。たぶん、いつものことで、覚悟している人しか来ていないのだろう。

私はカツサンドを頼む。これは、割合早く出てくる。１５００円。

揚げたてのミディアムレアな牛カツがはさんである、ゴージャスさだ。こんな分厚くて柔らかいお肉をカツにして、しかもサンドイッチにしてしまうか。

感動と、「はり重」の懐《ふところ》の深さを感じる。

辛子をつけて、食べる。なんか、グラスワインの赤、とか言ってしまいそうな味。

もとは精肉店もやっていて、このお店は大丸心斎橋店などにも出店しているので、味噌漬やコールビーフ（たたきのようなローストビーフのような）などは買うこともできる。

地方発送もしてくれるみたいだ。

DATA
大阪市中央区道頓堀1−9−17　TEL06（6211）5357
《めじるし》御堂筋沿い、道頓堀に大きな看板あり

第 7 章

さかな

「うまいサカナでも行こか」は最高の口説き文句

「今度、飲みに行こか」ではちょっと照れくさい。

「今度、歌いに行こか」では大勢すぎる。

「今度、ご飯食べに行こうか」では社交辞令に聞こえる。

……で「今度、うまいサカナでも行こうか」、である。

そう言われたら、よっぽど嫌いな男でない限り、そしてサカナ嫌いでない限り、

「えっ、どこの店？　いつよ」

と、女は言うだろう。絶対的な根拠はないが、グルメで情報通で知的な美人には、これはけっこういい口説き文句のスタートなのではないかと思う。

まず第一に「サカナ」はヘルシーである。ダイエットが気になる女でも、サカナだったらいいかな、と思うだろう。

第二に「サカナ」がおいしい店、というのは、ある程度コストが高い店ということが考え

られる。「私にお金をかける気があるんや」と、女に思わせることができる。あわせて、男の財力を大きく見せることもできる。

そして第三の理由。これが、大事である。応用もきく。要するに何か具体的な食べ物を想定することで「それを食べに行くのが目的だから、君をどうこうしようというのではないよ」と思わせるのである。

彼女が「サカナ」ではない他の食べ物に興味を示している場合、それを使う手もあるが「ケーキ」ではどうしようもない。「お酒」が進む食べ物であることはとても重要だ。

……ここまで考えて思った。

以前、神田うのをインタビューした時に「私が男だったら、東京じゅうのいい女を自分のものにしていたと思う」と言っていたが、私が男なら「大阪じゅうのいい女をものにしていた」かも、と。

だが、残念ながら、私は女である。

それも20代の時の私は髪型やメークのせいで、ちょっと老《ふ》けて見られたため、本当にサカナを食べさせてもらいたい同世代の男性とはほとんど縁がなかった。とっても年上の男性が、しかも「会社についてどう思うか」とか、ご自身の愚痴を話すために誘ってくださることが多かったように思う。

あるいは、接待。放送局の編成部で広報をやっていた私は、逆に男性記者に接待のお誘いをするか、制作会社の接待を受ける、というようなことがあったのだった。

世の中はバブルで、みんなおかしかったのだと思う。

もちろん、私も、である。

ある関西の情報誌で「私はこんなクルマの助手席に乗りたい」という企画があった。

今思えば「アホちゃうか」という企画だが、私は広報ということもあって、ほいほいインタビューを受けた。

「ベンツのSL500かな」

などとアホを言っている森綾さんがおばちゃんみたいな髪型をして載っているLマガジンをもっていたら、今すぐ捨ててほしい。

ところが、これが載ってしばらくした時、ある宣伝キャンペーンを手がけていた制作会社が「編成部の女性陣とうまいサカナを食いましょう」というご接待企画をもってきた。

「7時にお迎えにあがりますので。みんなで行きます」

「みんなで?」

「はい」

その制作会社は、ホストクラブみたいな面々が揃っていた。全員、アルマーニ系のダブルのスーツを着ていて、顔が濃かった。

恐るべきことに、7時に、みんなで来た。南森町《みなみもりまち》の交差点に、ベンツだの、カマロだの、外車がずらっと並んだのである。

「ど、どういうこと？」

「森さんのために、ベンツ、用意しました」

暗くてよくわからなかったけど、でっかい黒っぽいベンツだった。「SL500」ではない旧型だったが、私は助手席に座らされ、まったく落ち着かなかった。

「な、なんで？」

「ベンツに乗りたいって、書いてあったじゃないですか」

いいかげんなこと言うたらいかんな、と私は反省した。とにかく、その制作会社を使うかどうかを決めているのは上司たちなのだから、私は関係ない。

なぜか大きな声で「関係ないですー」と叫びたくなる気分だった。

その後、アメリカ村の端っこのほうにあった今の「作一」の系列の店に行ったと思う。

白身のお魚にピンクのたらこをちりばめた葛あんをかけたような小鉢とか、海老のかぶら蒸しとか、とにかく品数の多いコースで、おいしかった。

でも、何を話したのか、よく覚えていない。

あの接待はなんだったのだろう、と今も思う。

彼らは大まじめだったけど。

たぶん、お金が余っていたのだろう。

東京の人は「日本一のサカナは築地《つきじ》に集まる」といい、大阪の人は「日本一うまいサカナは瀬戸内海から大阪に来る」という。

東京の西麻布《にしあざぶ》で「旬」という粋な料理屋があって、そこのご主人の鈴木さんに、こんな話を聞いたことがある。

「うちの兄貴は大阪で寿司屋をやってるんだよ。それで、正月に、サカナをもって実家に集まるわけ。そうするとさ、たとえば、マグロ。向こうはうまくて安いサカナをもってるわけ。ところが、見た目がよくなかったりするんだよな。東京の築地に来るやつってえのは、見た目もぴかぴか、味も一番、ってやつで、値段もびっくりするほど高いわけだよ。聞いたらさ、仲買がいる人数が、大阪と東京じゃ全然違う。大阪が3人いるとしたら、東京は5人いる、って具合にね……」

高いものほどおいしいものになる仕組みが、東京にはあるのだ。

私の実感としては、西のサカナ、東のサカナ、それぞれ集まる種類がまったく違うから、得意なものを得意な場所で、旬な時に食べるのが一番なのだと思う。

とりあえず、大阪ではコストパフォーマンスのバランスのいいところで食べるのがいい。一人1万円も出せば、それは3万円のところとそんなに大差はない。

高いもんは、おごってもらうと、もっとおいしい。

値段を言わない、いい男だと、もっともっと、おいしいんだろうなあ、と夢みる。

大阪の男は「これ、一人1万せえへんかったら、安いと思わへん?」とか、言うもんなあ。……

作一

巻紙メニューに緊張は、いりまへん

芦屋に住む貴子さんは、実業家の夫をもつ専業主婦である。管理人常駐で接客ロビーと広いパティオのあるマンションに住み、ウォーキングを習ったり、お友だちとおランチをしたり、お買い物をするのが日課だ。ネイルサロンに行くと一日つぶれちゃうから忙しいわ、というのも、まったく嫌味ではない。旦那様の数千万円のマセラッティを、来たとたんに乗って駐車場内でぶつけた、というエピソードも微笑《ほほえ》ましい。

関西の花嫁道としての王道を静かに歩む貴子さんと、ある奥様のご紹介でお近づきになれた。奥ゆかしい貴子さんは、人前に出ることをよしとしなかったが、私は無理やり雑誌に載せてしまった。

そのお詫びに、リッツ・カールトンのスプレンディードでおランチした。まったくこの人には「リッツ・カールトンのスプレンディードでおランチ」という言葉が似合う。

前置きが長くなったが、彼女と話をしていて「ニューオープンはいっぱいあるけど、本当においしいと思える和食というのは少ないですね」という話になった。

その時「たとえば……」というところで、同時に出た店名が「……作一のような」だった。

黒の豆板のカウンターの向こうに、調理人が何人もいて、かいがいしくそれぞれの持ち場の仕事をする、本格的な割烹スタイル。巻紙に書かれた、気の遠くなるほどぎっしり詰まったメニュー。旬の食材を、考え得る限りのまっとうな調理法で食べさせ、しかも飽きさせない味つけ。何よりも、おいしいサカナ。大人しか来ない、落ち着いた雰囲気。

「鱧《はも》の季節がいいですよね」

そうそう、鱧の季節に行ったことがある。この店、オープン以来、コースもあるが、アラカルトで食べている人がほとんど。私も、ここ数年でホテル日航《にっこう》大阪の裏にできたこの店で、適当に注文して食べるのが常である。上手に骨きりしてあって、食べた時にちくりともしない鱧の湯通ししたのを、梅肉あえで食べる。最近、東京の寿司屋なんかで穴子を同じようにして出したりするけど、鱧にはかなわない。

春は若いたけのこや、こごみやたらの芽。初秋は、なんといっても、松茸。

関西ならではの、甘鯛も楽しみだ。ちなみに京都・百万遍の料亭「梁山泊」の橋本憲一さんによると、ぐじと甘鯛は種類が違う魚らしい。混同している人が多いようだが、私も知らなかった。甘鯛は一夜干ししたのを焼いて、スダチを絞って食べると「こんなおいしいサカナがあったか」と思う。ほろほろと柔らかく、甘く、口のなかでさっとばらける。あんかけにして食べたりもする。ほんのりと生のわさびを載せて食べれば「つん」と音がしてから溶けるような気がする。

西のサカナ、西でおいしい野菜、そういうものを食べてもらうのに、この店はある程度の格を失わず、しかも店構えよりはリーズナブルだ。

筆書きのメニュー、聞けばていねいに説明してくれる旬のサカナのこと、きびきび働く板さんのようす、美しい器と盛り付け。そういうものに、びびる必要はない。

そうはいっても、貴子さんが夫婦で来るような店である。

一人1万円前後と思っておいたほうがいい。

でも、東京の一人2万円以上の店の価値はあると思う。

バブルの頃からあって、残っているお店、というのは、東京でもそれなりにいい店だけれど、大阪も、そこは同じかもしれない。

うまいもん、は、長く付き合えるエエ友だちと似ているような気がする。

DATA
大阪市中央区西心斎橋1―10―3　エースビル1階
TEL06（6243）2391
《めじるし》ホテル日航大阪の裏。本店は三津寺筋にあり

えび家
寛美も愛した伊勢海老料理

老舗、というのはどうも苦手である。

けれど、あの故・藤山寛美《ふじやまかんび》がひいきにしていたと何かで読んで以来、寛美ファンの私としては絶対に行ってみたいと思っていたのが「えび家」だった。

そこへ、取材で知り合った藤島久美子さんという元スチュワーデスのソムリエ・ミセスが、ご自身が講師を務めるワインセミナーを「えび家で開催します」と、誘ってくださったのだ。

おまけに、そこにはまたそそられるコメントがあった。

「……ご主人も若旦那も男前なんですよね」

私は若旦那、という言葉に弱い。男前にはもっと弱い。プラス伊勢海老にも弱い。行く前からフラフラになって、「えび家」にたどりついたわけである。

一応、大阪駅前のヒルトンプラザに支店があって、そこのランチは何度か食べたことがあった。3000円くらいで、ものすごいゴージャスなのである。とりあえず、観光で大阪に来た人なら、最後にここへ行ってランチというのも時間にムダのない、正しい選択かもしれない。

……と、書いておいて翻《ひるがえ》すのもいけないが、法善寺横丁で食べる魅力に勝るものはない。

私はここへ来ると、一回は♪包丁いいっぽん、と口ずさんでしまう。「月の法善寺横丁」という歌を知らない人は、聴いてから行ってほしいものである。

若い板前が、こいさん、つまり主人の末娘と恋に落ちる。禁断の物語である。こんな石畳の、昔の時間がとまった袋小路みたいなところで落ちる恋って、きっと濃いよなあ、と感慨にふける。

あ、あの歌って、ホントの話じゃないのかな?

法善寺の水かけ不動で苔《こけ》だらけのお不動さんを拝んで、「夫婦善哉」の暖簾を見て、やがて、「えび家」に着く。

初代が50年以上前に創業した季節料理の店の建物が、ほとんどその雰囲気をとどめている民芸風。今のご主人・川久保建明さんが、伊勢海老料理の専門店にしたらしい。

ご主人は、笑顔のいい人だ。うん、男前。全然白髪がないから、最初、若旦那ってこの人かと思ったくらい。

2階の風情あるお座敷で、ワインの会は始まっていた。紳士淑女ばかり。伊勢海老のフルコースと、藤島さんが選んだシャンパンや白ワインが供される。思えば、オマール海老よりも繊細で甘味のある伊勢海老とワインが合わないわけはない。

意外というか、やっぱりというか、一番おいしかったのは「桔梗ヶ丘メルロー」という山梨の有名な白ワインと伊勢海老の具足煮の組み合わせだった（これは、そのワインセミナーでのことなので、ふだんお店にはないと思うが）。

お造り、甲羅《こうら》のなかでグラタンのように焼いたもの。どの料理もシンプルで、海老の甘味が生きていて、食べ飽きない。これで、コースが6000円からというのは安い。

伊勢海老、老舗、もう怖くない。

ところで、若旦那は？

そう思っているところへ、茶色い木の階段をいかにもぼんぼんな男前が上がってきた。

「あ、あれがぼんやね」

藤島さんがうなずいて、紹介してくれた。

なんでも、その翌月から、他の料亭へ修業に行くのだという。

「この店を、ちゃんとやりたいんで」

ぼんは、固く決意しているようだった。

誰かの後を継ぐ必要などこれっぽちもなかった身軽な私には、その決意がけなげで、尊いものに思えた。

「……がんばってね」

私はすでに「月の法善寺横丁」のこいさんの心境であった。

法善寺というところは、つかの間の夢を見せてくれる場所である。

ここなくして、大阪は、ない。

DATA
大阪市中央区難波1—1—16
TEL06（6211）0873

SAKANA座
ヴェルニ感覚の女のコにやさしいフレンチ

大阪で普通の人がフランス料理を食べ出したのは、おそらくここ数年のことじゃないかと思う。

20代の頃の私がフランス料理を食べるとしたら、ホテルの中のレストランか、大林ビルの最上階の「ル・ポン・ド・シェル」か、あとは神戸とか京都へ行くかくらいしか選択肢がなかったような気がする。

それは非日常なイベントで、もちろん、提供する店側も、何か慣れていなさがつきまとった。フランス料理、というだけで、首の後ろにものさしを入れられたような気がしたものである。

フランス料理は「フレンチ」という言葉になって一般化した。情報誌のおかげもあるが、安くておいしいコースを出すようになったお店の側をほめてあげるべきだろう。

ちょうど30代後半くらいのシェフが、苦しい修業を超え、バブル時代を超えて、ようやく一本立ちし始めたというのも「フレンチ」普及の大きな要因だ。

そういう要素をすべて満たした一軒が、ＳＡＫＡＮＡ座。

30代の口うるさい（舌うるさい？）女友だちにリサーチしたところ、この店の名前がやたら挙がってきた。

場所はカフェバーブームも懐かしの鰻谷。ビルの上にありながら、午後7時の予約はいっぱいという感じだ。内装は、南青山のビストロみたいに、木の暖かみがやさしくて女のコ好み。使っていないカウンターも、ちょっともったいないくらい可愛い。

10組も座れないくらいの広さだ。しかもそのすべてが、ヴィトンのヴェルニをもったＣＬＡＳＳＹ系お嬢様ギャルと、大学まではけっこう勉強してました系ぼんぼん風男のカップルだった！

６０００円のコースをお願いする。前菜、スープ、魚料理、グラニテ、お肉料理、デザートというしっかりした内容だ。ＳＡＫＡＮＡ座というだけあって、前菜の冷製オードブルから「ヨコワとアボカドのタルタル、ベビーリーフのサラダ添え」というのが入っている。ヨコワ、というのはマグロのちっちゃいやつで、大阪ではとってもポピュラーだ。私も子供の頃から、近所の魚屋のおっちゃんのところで、お刺身というと、ヨコワだった。色はマグロよりもピンクっぽく、身がもちもちしておいしい。

魚料理は「金目鯛のムニエル、いろいろな貝類を使ったブルーブランソース」。金目鯛というのは、関西では最近、よく見るようになった気がする。大きすぎると大味だし、使いようによってはバサバサしておいしくないけど、これは貝から出るおだしをしっかり使って、おいしく味付けしてあった。

シャンパンを使った口直しのグラニテが出て、お肉である。牛肉か鴨《かも》が選べて、私は鴨にした。フランス産の鴨の胸肉で、ポワレにしてある。鴨というと、カリカリ焼きのコンフィを思いつくけれど、柔らかく燻製《くんせい》っぽい和風な感じにしてあって、なるほど、この方が、サカナが引き立つかな、と思った。

最後はデザートの盛り合わせ。焼きバナナのミルフィーユ、ハチミツ風味のヌガーグラッセ、フランボワーズのシャーベットの3点盛りだ。

フランボワーズ、つまり木苺のシャーベットというと、普通、顔のエラの奥がきーっとなるほど酸っぱかったりするのだが、あくまで優しく笑顔になれるよう、仕上げてあった。

そこが、この店っぽいところだと思った。

東京のように「現地の人が食べても納得できる味に」などする必要がなく、誰が食べても贅沢でおいしいと思えるものをていねいに作ればいいのだと。

聞けば、シェフは北新地の高級レストランで修業したのだという。

フレンチ北新地系。それって、フランスの田舎より、ある意味、よっぽど厳しいかもしれない。フレンチはあかん！　といううるさいおねえさんにも、フレンチを食べさせないといけないからである。

ヴィトンのバッグも、モノグラムより、ヴェルニが似合う店。

土曜日6時半が無理でも、8時過ぎなら1回目がいっぺんに空くので、その辺りをあえて予約して、ゆっくり、味わいたい。

DATA
大阪市中央区東心斎橋1―19―19　KATIE,S心斎橋2階
TEL06（6245）5717
《めじるし》地下鉄心斎橋駅下車、鰻谷の通り沿い

うかむ瀬
ソムリエおかみのいる小京都

新聞記者だった時代、先輩記者がテレビ局の人に接待を受けるのに、よくついていった。番組が入れ替わる期首の時のお約束みたいなもんで、これで大阪のすごい店はたいがい行ったと言っても過言ではない。

私はおまけなので、たいした話などするわけではない。「これはなんでしょうねー?」「うわ、めっちゃおいしいです」とか言いながら、ひたすら食べるのである。

そういう毎日で、特別印象に残った店というのが、2、3軒ある。

「うかむ瀬」もその一つだった。

当時は新地のパーマリィインホテルという、けっこう洒落《しゃれ》たつくりだけど「ラブなんだかビジネスなんだかシティなんだか、はっきりしてくれい」というようなホテルにひっそりとあった。

なぜ、そんなに印象に残っているかといえば、ママさんだった。

当時はまだ珍しいソムリエの資格をもっているというママさんは、若くて、和服姿が似合う人だった。その人が、局関係の男性陣の憧憬《しょうけい》の的だったのだ。

「あのママはね、ワインがわかる人なんだ……」

関西テレビの広報の人がうっとりとそう言うのを、私ははっきり覚えている。

そのママに再会できるとは！

FM802の元上司である栗花落《つゆり》さんが、9年ぶりにご飯を食べに連れていってくれたのが、この店だったのだ。

なんと、パーマリィインホテル自体はつぶれてしまい、この「うかむ瀬」がその場でどんどん大きくなって、なんと上階の店までやっているという。

入り口に路地が続く、まるで祇園《ぎおん》の「一見《いちげん》さんお断り」ふう。砂利の上の敷石を踏み、身の引き締まる思いである。

「いらっしゃいませ」

邸宅の玄関に招かれたようだ。

手前にカウンターがあるが、奥はお座敷の個室がいくつかある。お座敷に通される。

今日のメニューは、すでに和紙に筆でしたためられている。

「公魚《わかさぎ》黄金揚げ、ってどういうのでしょうね」

あのママさんが教えてくれる。

「からすみを混ぜた衣で揚げてあるんですよ」

ああ、金粉揚げかと思った自分が情けない。黙っててよかった。

こういう場所では、まな板の上の鯉《こい》になって、おまかせするに限る。

「とっておきのワインがあるんですよ。私が行って、がさごそ見つけてきたんです」

相変わらず和服が似合って、女っぽい声でかわいいことをおっしゃる方である。こういう人が、もてるんだよなあ、と見とれる。

障子を開けて現れたワイン、ロバート・モンダヴィのジンファンデル1976年。

注ぐ時からいい匂い。乾杯、と一口飲んで、はあっと息を吐いても、まだいい匂い。

3人であっという間に一本空けてしまう。と、そのタイミングを見たかのように、おかみが障子を開ける。

……どこにもカメラなんかない。なんという、間のよさ。

次に現れたのは同じくロバート・モンダヴィのピノ・ノワール1979年。しかも、「ちょっとグラスでいきはりますか?」と、至れりつくせりである。

カリフォルニアワインと知らなければ「ブルゴーニュですか」と聞いてしまいそう。黙って飲むしかない。

あ、この章はサカナだった。苺赤貝のお造り、白魚手網寿司、伊勢海老鍋。きれいにしつらえられたお料理、目で楽しんで、舌も喜んで。最後のおかゆに流れ子（アワビの小さいやつ？　子供の頃、和歌山の海辺でよく食べた）まで入っていて、感激した。

会話までが、ゆったりとしたテンポになり、なんか気持ちのいい話をしようという気になった。さすがに付き合いのうまい人は、こういう店を知っているものだなと思う。

東京に戻ってしばらくして、おかみから寒椿の直筆画入りお手紙をいただいた。

「……近々のお目文字を願いつつ……」

と、墨文字がなんとも美しかった。

個人的に参上できる値段なのかどうか……どうもコース1万5000円くらいみたい。

人の財布ばかり当てにしている私だが、何か人としてりっぱなことでもしないと、と思ってしまう店である。

DATA
大阪市北区堂島1―2―7　パーマリィイン1階
TEL06（6345）1869

第　8　章

茶(ちゃー)

国籍不明。なりきりまっせ大阪

食べもんなら、たこ焼きとかお好み焼き。

人なら吉本興業《よしもとこうぎょう》や松竹《しょうちく》のお笑いタレント。

事件だってヤクザさんや普通の人の情が絡んで凶悪。

ファッションも原色とかヒョウ柄とか。

……大阪といえば、どうもシックとかシンプルというイメージがない。単純なところはあるのだが、シンプルというのとは違う。

「私らしさ」が社会性よりも優先され、許されるのだろう。「好きやったら、しゃあないやん」というのが大阪府の条例になったたって不思議ではない。

文化、というのは、「私らしさ」ということの作り出すものだと思う。

大勢の多数決で、あるいは何かが便利だとか不便だとかいうことで、ましてやお金が儲かるからという理由でできるものではない。

大阪には、文化が育つ土壌があるのだ。

今、大阪は韓国料理のブームらしい。

もともと、日本で一番韓国人が多いところだ。まず、作り手がいる。距離的にも近く、素材の調達もしやすい。奈良時代くらいから国と国としての正式な文化交流もあったのだから、すでに行き来してどちらがどちらかわからなくなっている味もある。

改めて「今」というのは、ワールドカップの日韓共同開催をもくろんでいるからだろう。みんな「食文化」を通じて今一度つながっておこうという気持ちがあるのではないだろうか。

「ビピンバってほんまにうまいなあ」

というのは、「おたくの革ジャン、安いから買うわ」というのとは根本的に違う。「食べて、味わう」という行為は単なる経済活動を超えて、人間としての共感を導くからだ。

今さらにではなく、アジア人の多い大阪には、そういうことを言葉ではなくわかっているところがあるような気がする。

差別もある。それは悲しいことだ。でも、まだ人間がかかわり合うおうとしている痕跡は見える。私の願望かもしれないけれど。

大阪の店は、外国文化をとことん尊重する。「文化」というものの怖さを知っているのかもしれないし「誰かがこういうことをずっと守ってきはったんや」という尊敬があるのかもしれない。

その割には「この間、現地に行ってきたけど、そこ、まちごてるでー」とお客さんに言われたりすると「いや、うちはこれでよろしいねん」と頑《かたく》なだったりもする。

それは「いや、すでにこれは大阪の文化ですねん」という意味なのである。

大阪は東京よりずっと、エスニックが強い。

人それぞれ違うが、ある国、にはまる人が多い。

インドにはまる人。

ベトナムにはまる人。

エジプトにはまる人。

私の友人のみどりちゃんは、エジプトにはまっていて、ベリーダンスとヒエログリフを習っている。10年くらい前に初めて会った時から目鼻立ちがはっきりした美人だったが、最近ますます目の縁が自然に濃くなってきた気がする。クレオパトラ顔になってきたのである。

彼女がエジプトに興味をもったのは、家の周りが古墳だらけで、子供の頃から古墳で遊んでいたからだという。東京ではありえない理由だ。

ピラミッドを見に現地へ行ってから、いっそうはまってしまった。砂漠の乾燥と砂嵐で「毎日、鼻血出してました」と言いながらも、「3、4年後にはエジプトに住みます」と豪語している。

「エジプトの男の人が好きなんちゃうの？」

と、そっちの話にしか行かない私をしらーっと見て、首を振った。

「男の人はダメです。すっごい男尊女卑なんです。絶対、やっていけません」

「ほんなら何がそんなにエエのん」

彼女は私の目をそらさずに言う。

「エジプトそのもの」

インドにはまる人もいる。

これは、会話にならない。

「インド、何がエエのん？」

「なんか……こうな」

「何？」

「時間というかな……感じというかな……」

「???」

「インドなんや。いっぺん、行ってみ」

タイにはまった友達もいる。ベトナムにはまった友達もいる。

そういえば、私の父方の叔父は学生運動で散々親族郎党に迷惑をかけ、大学を中退して世界を旅行したあげく、最後はスペインにはまった。

結婚して娘が二人。9年前に私が遊びに行ったとき、

「スペインの生ハムは世界一うまい」

「スペインの苺は野性味がある」

「スペインのワインはフランスワインより安くてうまい」

「ロエベの革製品は世界一だ。エルメスなんか高すぎる」

などと、まじめにスペイン賛美を並べていた。

私は「こんなおっさん、大阪のスペイン料理屋とかにもおりそうやな」と思いながら、言われるがままにひたすら食べていた。

ただ叔父のように本当にそこに住んで、その国の人になりきってしまう人は、少ない。

どこかの国の文化にはまって、そこに関係するお店を開くというのは、大阪らしいコンサ

バティブな方の生き方であるといえるだろう。
大阪に各国のカフェがあるのは、ブームではない。
昔から。昔から。
出ていきにくい場所だからこそ、みんな、ここと違う場所のロマンに弱いのである。

ロンドンティールーム

楽しいロンドン、愉快なロンドン、大阪の老舗カフェはなぜかロンドン系

1983年。森綾19歳。神戸女学院大学1回生であった。中学、高校と聖母女学院で修道女のような校則に耐えてきた私にとって、大学に入るということは「街に出よ、恋をしよう」という意味であった。

なんせ聖母女学院とは、風紀担当の先生が「下校時にたこ焼き屋へ行くことから非行は始まり、その末路は覚せい剤中毒になる」という、まるで「風が吹けば桶屋が儲かる」みたいな話を延々と朝礼でする学校だったのだった。

規則がなくなって誰にも縛られないこの喜び、解放感、世の中に出ていく晴れやかな気分といったら、急な山道を登りに登って、突然頂上にたどりつき、ヨーデルの歌声とともにスイスの山々が空の彼方《かなた》まで広がるような気分であった。

……いやいや、おおげさやなくてね。

そういう私が喫茶店にも慣れた頃、堂島《どうじま》に夢のようなカフェを見つけたのである。ロンドンティールーム。まさにそこはロンドンであった。最初は毎日新聞社の旧社屋の向かいくらいにある細長いレンガ建てのビルの2階にあった。

初めて見るお茶帽子。私は『暮しの手帖』の「すてきなあなたに」という無記名の編集者たちのエッセイで読んだことがあるそれを、ちゃんと実物で見て感動した。

お茶帽子とは、今は当たり前に売っている布製のポットカバーのことだ。一人に一つずつやってくる銀のポット。そのなかの紅茶が冷めるのを防ぐために、リバティープリントかなんかの可愛いキルティング布で作ったそれがかかっているのだ。

しかも、その紅茶はトワイニングのなかでも何種類もあり、その他にロイヤルミルクティーもあれば、ロシアンティーもあり、チャイまであるのである。手作りっぽいブラックチェリーのタルトもあり、食べたことはないがハイティーのセットもあった。

大阪の女の子が大好きな穴ぐらっぽいつくりで、奥はVIPルームみたいになっていて、そこへ案内されるとどきどきした。

調度品はすべてイギリスっぽいアンティーク。

焦げ茶の木の椅子とテーブル。ランプの灯《あか》り。

見たこともないロンドンを、知っているような気にさせる店だった。

最近、大きな場所に移転したのだと聞いて、そこへ行ってみた。穴ぐらが、外光の入るビルの地下、100席になっている。移転を機に、ケーキを自家製にしたという。定番だったスコーンやマフィン、私の大好きなシナモントーストは、そのまんまだ。

相変わらず、分厚いメニューをめくる。いかにこの店がイギリスについて深いかということや、いかに紅茶とイギリス人は切っても切り離せないかとか、観光チックな写真入りでうるさいほど説明してある。

お昼にはランチあり、もちろんケーキセットあり、ハイティーあり、ディナーセットまである。夜の11時までやっているというのだから、もちろん、ご飯を食べた後に、ちょっとお茶を飲みに来てもいいわけである。

とにかく「1日、ここにいてもいいのだよ、ここはイギリスなのだから」と言われているような気がしてくる。

大阪には、ここのほかにも、ロンドン系のティールームがやたらに多い。天神橋商店街にある「西洋茶館」、帝国ホテル大阪の向かいにある「ハンプトン・ティールーム」、高麗橋《こうらいばし》の「パディントン・カフェ」。他にも、犬も歩けばロンドン喫茶状態である。

なぜ、大阪でこれほどロンドン系が好まれるのかはわからない。

正統なもの、伝統的なものに対する憧《あこが》れだろうか。

もっと率直に、可愛いからだろうか。

「可愛がられてなんぼやん」という大阪の女の子は、テディベアになりたいのかもしれない。

そのためには、暗めの穴ぐらにちょこんといるほうが、可愛く見えるというのもある。

やっぱり穴ぐらふうでないと、と思う人は、この店のヘップナビオ店が、まだその名残を残している。

DATA
大阪市北区曾根崎新地2−1−23　富士銀行ビルB1
TEL06（6347）0107

NEWS

御堂筋はパリっぽくなれるのか

御堂筋《みどうすじ》ブランドストリート計画、というのが立ち上がった時はどうなることかと思ったが、本当にそうなってしまった。

ルイ・ヴィトン、シャネル、ヴェルサーチ、イタリア家具のカッシーナ・インターデコール。……

パリにたとえれば、店の並び方でいえばフォーブルサントノーレかモンターニュである。道幅的な広さを考えれば、モンターニュよりシャンゼリゼに近いだろう。

まあ、どうでもいいか。

とにかく、どれくらいの売り上げがあるのかはわからないが、メインイメージは、かつて「銀ぶら」（銀座をぶらぶら）に対抗して「心ぶら」とまでいわれた心斎橋筋商店街よりも、こっちが大きくなってしまった。

未《いま》だに、アーケードのある心斎橋筋商店街のほうがもちろん人通りは多いのだけれど、今までの大阪になかった、別物のストリートができてしまったわけである。

そこで、モンターニュでもシャンゼリゼでもいいけど「パリやねんからオープンカフェを作ろう」という考えは、商都・大阪では出てきて当たり前である。

ところが、もっと本気な人がやってしまった。大阪のフレンチの大御所である和田信平シェフがビルごとやってきたのである。

1階手前の路面をカフェに、1階を「バロン」というディフュージョンレストランに、そして2階を「シェ・ワダ」にしたというわけだ。3つまとめて「レストランC」と呼ぶらしい。

今まで、もっと難波《なんば》寄りの御堂筋沿いにあったオープンカフェなどは、ちょっとせせこましい広さだったが、本町に近いここは、なんせ規模が広い。

しかも、大人気の「なかたに亭」のケーキが食べられる。

このケーキが本当においしい。「なかたに亭」の本店は上本町《うえほんまち》なので、キタからミナミくらいまでが行動範囲の人はちょっと行きにくかったと思うが、ここなら大丈夫だろう。

現地の味にこだわった、微妙な調合のクリーム、バニラビーンズたっぷりのカスタードなどなど、味は濃いけど口どけは軽い。

東京の大きな通りのオープンカフェは、雰囲気はいいけど、ケーキは今いち、というところが多いが、ここは雰囲気もケーキもサービスも、揃っている。

初めて行ったときは女友達のじゅんちゃんと「バロン」に行ったのだが、150席あるため、予約もいらないので助かった。

1月のとても寒い日で、私たちが飛び込むと、おっきなストーブが迎えてくれた。ギャルソンならぬ大阪ジェンヌが「寒かったでしょう」とドアを開けて迎え入れてくれた。心があったかくなった。

さらにスパイスたっぷりのホットワインを頼んで胃もあったまり、居酒屋のようにアラカルトで黒豚のポトフやゲソのフリットなどを頼んだ。

味はざっくりしたビストロふう。ポーションが多く、2人で3皿くらいでおなかいっぱいになった。でも、ケーキは食べた。

締めて8000円くらいだったと思う。

値段も安いし、雰囲気もパリっぽい。別の友達のVERYな主婦に聞くと「ランチはお味が今ひとつでした」と言っていたが、夜はわいわいがやがやと行くにも、若い人のデートにもけっこういいのではないだろうか。

先日は、私の実家の母が「同級生のシャンソンを聞きに行った帰りに13人くらいで軽く食べてお茶できる店を教えてほしい」というので紹介してあげた。

お店は迷惑だったかもしれないが、非常に対応よく、13人が集まれる席を作ってくれて、みんな大満足だったという。

おばちゃんのシャンソンを聞いて「NEWS」に行く。これがホントの大阪パリーな夜である。

DATA
大阪市中央区北久宝寺町4―1―6
TEL06（4704）4008

カンテグランテ
あのウルフルズを生んだ元祖大阪エスニック系カフェ

人間は自分の行動範囲を全世界と思い込みがちである。大阪人に至ってはまさにそうだ。「いや、私はそんなことはない」という人も、通いなれた店に別の本店が存在するということを知って愕然《がくぜん》とした経験はないだろうか。

私にとって、まさにカンテグランテがそうだった。女子大生時代、須磨《すま》～三宮《さんのみや》～梅田、ミナミ・アメリカ村～ヨーロッパ村～鰻谷界隈を行動範囲にしていたので、中津《なかつ》というのはすっぽり抜けていた（父方の祖父母の家があったにもかかわらず）。

ラジオ関西のレポーター時代は神戸じゅうをうろうろしたし、スポーツニッポン～FM802時代は大阪じゅうをうろうろしたけれど、中津というのはやっぱり抜けていた。

だから、カンテグランテは今はもう閉店してしまったアメリカ村店が本店だとばかり思っていたのだ。

16年前、自由の女神のビルの隣のビルにあったカンテグランテでチャイというものを初めて飲んだ。

牛乳で紅茶を漉《こ》したものだが、ガラムマサラなんだかシナモンなんだかわからないスパイスが入っていて、これが牛乳を他の動物のお乳かと思わせるくらいコクを加えるのだ。

冬はふうふう言って飲むチャイ。夏はヨーグルトを酸っぱく薄めたような冷たいラッシー。一杯の飲み物で何時間も語り、聞き、心を通い合わせる。そんな時間を、友達と、彼氏と、バンド仲間と、師匠と、私は過ごした。

就職活動の話をした。好きな音楽情報を交換した。「アナウンサーになりたい」と夢を語った。

店にはお香の匂いがいつもしていて、更紗《さらさ》の服を着た若い女の子が微笑んで注文を取りに来た。ここだけ、インド時間が流れていた。私はチャイを飲みながら、何十年も先の自分も、一人でお茶を飲む心から静かな時間がありますように、とも願った。

そのくらい、一杯のチャイには深いおぼしめしがあったのである。

中津の本店には、その頃、ウルフルズのメンバーがバイトしていたという話がある。

彼らも、仕事が終わってチャイを飲みながら、何十年先の自分たちのことを考えただろうか。いつか会うことがあったら、それだけ、聞いてみたい。

DATA
大阪市北区中津3―32―2
TEL06（6372）0801
《めじるし》御堂筋線中津駅下車、中津小学校の前

クレープリー　アルション

吉本新喜劇ふうフランス語が飛び交う本格ブルターニュカフェ

フランス、ブルターニュ地方といえば、そば粉のガレット、である。

なあんて、私はそこへ行ったことはない。東京にもそういうブルターニュ系のカフェが神楽坂《かぐらざか》だの、表参道《おもてさんどう》だのにあって、そこへ行ったことがあるだけである。

それが大阪にそんなに古くからあったとは、目からウロコであった。

目と鼻の先に本店のサロン・ド・テがあって、そこは前から大好きだったのだが。

どちらの店も、１階はお持ち帰りのケーキショップ。

並んでいるお持ち帰り商品を見ると、紅茶もいろいろと自家製ブレンドがあり、店の雰囲気も石づくりでお城っぽいので（ちょっとだけね）、２階でお茶することにした。

「何名様ですか？」

「二人です」

「あー、はい。ちょっとお待ちくださいー」

白いエプロンをつけたうら若きマドモアゼルが大阪弁で応対してくれる。

入り口が狭いので、小さい階段を上がりかけた私たちは、そこで立ち止まった。

すると突然、山田花子《やまだはなこ》のような声を張り上げて、マドモアゼルは叫んだのである。

「ドゥー・ペルソンヌう、シルブプレぇー」

あまりのことに階段から落ちそうになった。ものすごい大阪弁のフランス語であった。

「ウィーー、シルブプレぇー」

階上から東野《ひがしの》のようなギャルソンの声がした。

笑いながら上がっていく。感じの悪い客である。

小さめのテーブル。壁にはブルターニュの写真。お茶を飲み、ケーキを楽しむ老夫婦。……うーん、パリっぽい。年季の入ったパリっぽさを感じる。あの掛け声以外は。

ガレットやクレープもあったけど、ケーキを頼んだ。フルーツのたっぷり載ったタルト。アーモンドの粉を使ってある感じの台が、大人の甘さ。エッセンスがすべて本物だ。

メリメロ、という自家製ブレンドの甘いフレーバーの紅茶がなんともなごませる。

どうやらあの安くておいしい老舗ビストロ「ビストロ・ダ・アンジュ」の系列らしい。

今から15~16年前、私が女子大生だった頃は、ミナミで手の届くフランス料理といえば

「ビストロ・ダ・アンジュ」であった。ランチなんか780円とかであったのだが、ちゃんとソテーした魚に手作りのトマトソースがかかっていて、おいしいフランスパンがついていて、幸せな気分になったのを覚えている。「今日、フランス料理食べてん」と家に帰って親に報告すると、「この娘はなんか悪いことしてお金稼いでるのとちゃうか」とびっくりさせたりしたものだった。

「アンジュ」はたしかロゼワインの産地で、私はこの店で初めてロゼワインというものを飲んだように記憶している。グラスで380円だったと思うのだが、なんでそんなことを覚えているのかといえば、ちょっと甘くて「私もこれから大人なんだ」とうれしかったからだろう。

……もとい、アルションである。

一緒に取材旅行をしていた編集者のオバタさんが、この店でまたヘンなものを見つけた。紅茶に入れる角砂糖をつまむ小さな道具で、一見、小さい泡立て器みたいな形なのだが、後ろのボタンを押すと、マジックハンドのように先が開いて、角砂糖をつかむのである。

「これは医療機器かもしれませんね」

と私が言うと、大喜びしていた。感じの悪い客である。

店内には日本橋《にっぽんばし》あたりのお金持ちとおぼしき老婦人がおめかししてお茶を飲んでいるとい

うのに。

「オボワー」あるいは「やーあああーごきげんさん」と叫んで、帰ろう。

DATA
大阪市中央区難波1−1−4−18
TEL06（6212）2270

チャオルア
堀江ベトナミーズギャルってナチュラル

アメリカ村が荒れてしまって、南船場から堀江にかけての一帯が街として活気づいてきたことを聞いてから、毎月大阪に行く度《たび》にうろついている。それこそ、毎月、街が変わっていくのが、楽しくて。

モノを詰め込まず、センスよくレイアウトする雑貨屋。ひとつのテーマからぶれず、シンプルな家具を売るインテリアショップ。店員か客かわからないくらい一体化して自分たち世代の洋服を売るセレクトショップ。建物ごとオブジェするカフェレストラン。

これが大阪かと思うと、変わったと思う。しかも、値段が安い。

東京で売っているのとまったく同じベネチアンビーズの指輪を見つけた。5900円。

「これ、東京で8900円で売ってましたよ」

私が興奮して言うと、同い年だというオーナー女性は、笑いながらため息をついた。

「東京はー、いいですねえー」

クオリティもデザインも同じ、でも、もっと安い。おそらく、人々が使えるお金も東京より少ないのだろうけれど、なんだか選べるだけ豊かになった気がする。高いもんばっかりで選択肢が少なかったバブル時代よりは、絶対にいい。

新しいカフェ文化も、確実に育っている。育っているものが、値段ではなく、心意気だという気がするところがいい。

アジアっぽいカフェの激増も、なかなか、中身を伴っている。

南船場に「ANGON」を成功させた店が堀江にまたベトナムカフェを作った。

「Chao　Lu'a」。チャオルア、と読む。

アメリカ村から四ツ橋《よつばし》筋を渡って、すぐ。黄色い建物はとても目立つ。

中に入っても、黄色い光のなかに包まれているような気がする。細い竹で作ったような調度品は飴色で目に優しい。天井が高く、どうやって置いたんだろうという上のほうに、ベトナム名物の人力自転車のシクロが飾ってある。

そういう、ムダだけれど目には優しい空間をつくるというのも、今までの大阪の店にはなかった発想のような気がする。

……なんか、文章が『東京デザイナーズレストラン』みたいになってきた（あれの1冊目は私の文章も10軒くらいある。ホンマにもう、我ながらなんでもやってるな)。

　これは『大阪のうまいもん屋』なので、口のなかの感動と人とのふれ合いも書かないといけないが、困った。

　この店の店員は、みんなベトナム人女性のようにアオザイを着ているのだが、あまり受け答えなどしてくれないのである。

　美人は多い。ベトナム人女性のように肌がきれいで、スタイルもよくて、笑顔がナチュラルってやつ？

「どのお茶がおいしいですか？」

「そうですね。どれもおいしいですけれど、アーティチョーク茶がよく出ます」

「あー。飲んだことある。……ほな私、蜜柑茶《みかんちゃ》にします」

「はい」

　ほら、なーんにもおもしろくない。

　おまけに蜜柑茶は一杯目はよかったが、時間が経つにつれ、バスクリンのお湯みたいな味になり、飲めなくなった。子供の頃、風呂で潜って遊んでいて、蛇口に頭がつっかえて出てこられなくなり、バスクリンのお湯を飲んだことがある私が言うのだから、間違いない。

　しかし、一緒に行った友達が素直に頼んだアーティチョーク茶は甘くておいしかった。お茶と一緒に、落雁《らくがん》のしけたみたいなちっちゃい砂糖菓子を出してくれるし、コーヒーよりは体によさそうだし、和めるには和める。

結論。こんなところでまで、笑いを求めてはいけないのである。

彼女たちは、一生懸命、ベトナムを演じ、おしゃれな堀江を守っていこうとしているのだから。

私も東京人になってしまったのかと悲しくなった。

でも、せめて一言、「蜜柑茶は早めに飲んでください」と言ってほしかったものだった。

DATA
大阪市西区南堀江1−14−1
TEL06(6537)6789

第　9　章

イタリアン

天神橋イタリアン大激戦区

1989年の年明けから、私はFM802の編成部員として、会社員生活を送ることになった。

ところがこの会社員生活、どうも「9時〜5時のOLでーす！」というわけにはいかないということはすぐにわかった。暮れの新入社員歓迎会からして、集合は今なお赤線地帯が残る飛田新地。私は本物のやり手婆の脇《わき》をすり抜けすり抜け、玄関にお姉ちゃんが座り込む長屋におっかなびっくりで、昭和以前からあったらしい遊郭を改造した居酒屋「百番」にたどりついたのだった。

開局は6月1日。それに向け、不眠不休、もちろん土日なんてあると思うなよ、という感じの毎日が始まったのだ。

しかし、ふだんはぼーっとしているのに、そういう無茶苦茶な状況になると、なぜか動物的に楽しみを見つけてくる私である。

発想はいたって単純だ。本能に戻る。男と会う時間はないからそっちはダメ。あんまり寝てもいられないから、睡眠もダメ。

ほな、どうする？　穴をふさがれたモグラみたいに考える。でも、顔を出せる場所を探さないと。

あった、あった。

食べること。時間に限りはあるけれど「食うな」とは誰も言わない。

幸い、FM802は天神橋筋商店街の2丁目の入り口にあった。

天神橋筋商店街は、梅田界隈が阪急電車によってターミナル化する前は、大阪のキタの中心だったところだ。大阪一長い商店街は、1丁目から8丁目まであり、端から端まで歩くなんて、半日かかる勢い。側道沿いの店まで含めれば、いったいどれだけ店があるのか、途方に暮れる。しかも、味にうるさいもともとのキタの人間が許した、安くて美味しい飲食店がいっぱいあるのである。

朝は机で商店街のパン屋「ニッシン」のクロワッサンを食べ、昼はここそこのイタリアンや洋食屋でランチを食べ、夜は夜で「一富士」の鉄板焼きだの、「どい亭」のカツカレーなどを食べて、夜食にはみんなで天神橋5丁目、つまり天五にある「天五のうなぎや」でうな重とうまきと肝すい（計1000円しなかったと思う）を食べるという日々。ハイカロリー、ハイパフォーマンス、ローコストな食生活であった。

特筆すべきは「ちり酉《とり》」の手羽先のから揚げと、中村屋のコロッケだろう。中村屋のコロッケの話は「お持ち帰りー」のページに譲るとして。

「ちり酉」のから揚げは、丸く開いた手羽先を、油でかりかりに揚げて、それをじゅうっと甘辛いタレに浸し、香ばしい白胡麻をまぶしたもの。名古屋の味だといっていた気もするが、もっと柔らかい味で、おやつと食事の中間食が大好きな関西の嗜好《しこう》にぴったりと合ったおいしさだった。

手羽だから、さして身はない。しかし、骨についたわずかばかりの身と、かりっとした皮を歯でしごくようにして食べる瞬間がたまらない。子供の頃、母方のおじいちゃんがセコガニといわれる身のないカニを舐《な》めるように食べながら、日本酒をぐいぐい飲んでいたのを思い出し、私は豪快にぶつ切ったキャベツと交互に食べて、ビールをぐいぐい飲んでしまうのだった。

半年経って、開局の頃になると、ランチなどもおもしろい店を開拓するのは、私の真骨頂になっていた。

天神さん（大阪天満宮）のそばにあった寿司屋の刺身定食も、教えてあげたいけど、教えてあげたくないランチの一つだった。

なんせ6人も入れば、店のカウンターは埋まってしまうのだから。

ネタのいいお刺身を豪快に盛って、赤だしではない昼用のお味噌汁をつけて、自家製の出し巻、漬物をつけて、600円くらいだったと思う。

ツーンとわさびを鼻に感じながら、赤身のマグロを口に入れ、ちょうどいい硬さに炊かれた白いご飯をほお張ると、家の食事みたいでうれしかった。

その上、ご主人は、黒メガネで長身の頑固《がんこ》じいちゃんで、いつも真っ白の上っ張りを着て高下駄を履いている。まさに私のタイプであった。

「おじさん、私、東京にお嫁に行くねん」

と言った日の、おじさんの顔は忘れられない。

何にも言わなくて、怒っているのかと思ったくらいだった。代わりにいつもは黙ってお茶を出したりカウンターを拭いたりしている奥さんが、何度も何度も「淋しくなりますね」と言ってくれた。

帰り際にやっと、おじさんは言った。

「……体に気ィつけてな」

「おじさんもね。ずっとやっててね」

もうわさびの余韻も消えているのに、鼻の奥がツーンとなった。

安くてうまい、が定番の天神橋筋界隈であるが、もう少し西天満あたりに行くと、高級でセンスがよく、味も一流な店が見つかるようになる。

その界隈、弁護士事務所や会計事務所が多く、また商売人で会社の側《そば》に住みたい人が住むマンションなどもあったりして、金回りのいい人が多いからだろう。

12年前はそれだけだったが、今は、飽和状態のキタからちょっと離れたこの辺りに、車でご飯を食べに来る小金持ちな人たちも加わるようになったらしい。

おきまりを6000〜1万円くらいで食べさせるおいしい和食の割烹や、こぎれいなおでん屋さん。古い民家を改造した中華料理。なかには情報誌なんかには載らないが「料亭？」と思えるような構えの加賀《かが》料理のお店なんかもある。

FM802時代、最初の総務部長だったフカモトさんが、上司に反抗ばかりしている私とそのアシスタントを、加賀料理の「佐助」という店に連れていってくれた。

外の雑踏を無視するような京都っぽい店構え。見たこともないようなきれいな料理。和服姿の美しい仲居さんたち。目が点になりながらもむしゃむしゃ食べる私たちを始終「不穏分子」と呼びながら、その後も、北新地の隠れ家のようなバーへ連れていってくれた。

私とアシスタントは「こんなにおいしいものを食べられるんだったら、もうちょっとおとなしくしようね。表面的にはね」と話し合った。


ここ数年、その天神橋界隈にはイタリア料理屋がどんどん増えているという。

さっそく、802で今も広報をしているニシオカさんに電話した。

「ニシオカちゃん、今、その辺でイタリアンっていうたら、どこに行く？」

「へへ、そら志忠屋……やろ。……ウソウソ」

志忠屋というのは、開局当時からある店で、スパゲティの専門店なのだが、802のスタッフにやたら人気が高いのである。不規則な時間で食事を取るスタッフにも対応してくれるし、味はまあまあで量も多いし、マスターが人なつっこいからだろう。

私はその人なつっこさが苦手で、なんだか話を聞かれているようで、嫌だった。

しかし、色白でぽちゃっとしたマスター（男である）は、番組の打ち上げの度に差し入れをもってきたりするので、上司たちにも全幅の信頼を置かれていたのである。

大阪には、そういうところがある。不穏分子の私には、ちょっとついていけないところであった。まあ、発想を変えれば「802の情報」を知りたければ、こういう店に通い詰めることだろうという気もする。

ニシオカちゃんは、真剣に考えてくれた。

「けっこう、できてるよ。カーサリンガとか。あと、パウロさんの店……ドゥエ・ガッリ。……モリちゃんの時代からあるのは、ピーターパンくらいかな？」

モリちゃんの時代、って、人を鎌倉時代みたいに言うな！

「ほんで、そんなにそこら辺にイタリアンが増えてるのは、なんで？」

「わっからーん」

この女は私の時代から、そういうあっけらかんとした女であった。見た目、ナイスバディのラテン系美人でいろいろ複雑そうに見えるのだが、意外にシンプルでいい子なのである。

……誰か、早よ食べてやってください。

話がそれたが、結局、誰に聞いても、なんで「天神橋筋がイタリアン激戦区」になったのかはとうとうわからなかった。

車を止めやすいという話もあるが「駐禁切られた（駐車禁止の切符を切られた、の関西略語）」という話もいっぱい聞くし。

ミナミの周辺地である南船場や堀江が盛り上がっているように、キタも周辺地であるここや茶屋町《ちゃやまち》界隈が盛り上がっているということなのか。

周辺地の共通点は、道幅が割合広く、町に10代の子が進入しにくい、ということである。

大阪の飲食店は、やっと空間や環境にこだわり始めたのかもしれない。

そこで、味にもこだわれるための、ギリギリの家賃が、周辺地でもある、ということなのだろう。

あんまり気取って高すぎたりまずすぎたりしたら、承知せえへんで、と私は思う。

あの寿司屋のようなイタリアンが、天神橋筋には理想なのだ。

スフィーダ　アル・チェントロ
板さんみたいな心意気のサカナ料理

ここ何年か『VERY』、という雑誌で連載していて、裕福なミセスたちとお付き合いできるようになった。私自身は、相変わらずあくせく働いていて、稼いだ分を全部使っているだけなのだから、そういうミセスたちとは根本的に何かゆとりというものが違う。

特に大阪のミセスは、かなりの快楽志向である。ブランドものをもつなんていうのは、もう快楽の初歩であって、とっくに過ぎている。エルメスのバッグもだいたいある、シャネルのスーツも着た、さあ、それから？　というわけである。

おとなしい夫は親から継いだ会社経営もまあまあうまくいっている。子供は有名私立幼稚園から私立小学校へ入れたし、姑《しゅうとめ》にも文句は言わせない。もともとは親のコネで一流企業のOLをしていたりしたわけだから、プライドは高いし、実際、生活の実務をこなすのもうまい。

で、私の価値はなんなの？　もうこのまま、普通のおかんになっていくなんていやや、ということになるのである。

まだ30代で、美人だったりするのだから、タチが悪い。

「植えまつげ。今、これがイケテルのよー」

「あの店はイケテルわー」

とばかり「イケテル」を求めて遊び回るのである。

そういうミセスたちとご一緒したのがこの「スフィーダ　アル・チェントロ」であった。

1号店「トラットリア　アル・チェントロ」の成功で、2号店を出した本窪田雅文シェフも、30代。またこのシェフのルックスが「イケテル」のである。

内装もニューヨークのトラットリアふうで、なかなかイケテル。明るい白を基調に、ガラスのテーブルは中に麦の穂やワインのコルク、珍しい形のパスタなどを封じ込めてある。4人で座るとちょうどいい感じで、ガラスが多いせいか、店内の照明のせいか、お互いの顔が実に華やいで見えるのである。

黒いきれいなスーツや、白シャツにグレーのカシミヤのジャケット、なんていう服装が似合うのではないかと思う。

イケテル本窪田シェフのこの日の料理は、また得意の海の幸をずらっと並べてくれた。

前菜はアジ、ヒラメ、カワハギの3種類のサカナのマリネ。サカナは全部白っぽいので、ピンクペッパーの入ったほどよい酸味のソースがかかっている。

「全部白いけど、味が違うのね」

もちもちっとしたカワハギが、ほとんどお刺身状でなんともいえない。わさびじょうゆで食べたら、お寿司屋さんで食べてるみたいな感じなんだろうと思う。

もう一種、玉ネギと白子の生ハム巻。寒い日だったので、白子のねっとり感はなんともいえない。きりっとしてどこかアーモンドの匂いのする白ワインと、なんとも合う。

スパゲティも2種類。ふかひれのスパゲッティ。白子と茸のリングイーネ、黒トリュフ添え。さっきも白子だったけど、こっちの白子はほとんどクリームになっていて、生臭さもなく、それと言われなければわからない。黒トリュフの匂いはほとんどしなかったけど、さくさくと食感はよかった。

どんどん飲んで食べて、メインもサカナ。

コチと渡りガニのサフラン風味のスープ仕立て、である。

カニとサカナのだしだけでじんわりとおいしいブイヤベースふう。そこまでの料理がわりとしっかりしていたり、こってりしていたりしたので、最後はさらさらっと食べられる。

最後の黄色い色、というのも、食欲を振り絞れる。

大阪で食べるサカナもやっぱりおいしいなあ、と実感した。

「瀬戸内の魚は日本一ですから」

本窪田さんは胸を張った。

でも、ミセスの一人、サオリさんは、メインを食べなかった。

「食べられなくなる薬、飲んでるから」

ハーブで作ったダイエット薬だという。

「代謝もよくなるから、最初の3日は心臓どきどきしてん」

私はその薬はやばいと忠告した。

「大丈夫。やばいくらいが、好きやねん。森さんも、飲み！」

私は、首を振った。スフィーダ　アル・チェントロのコースを途中で挫折《ざせつ》するくらいなら、イケテナイ女になってもしかたない。

DATA
大阪市北区同心2―4―25　T．D．M．1階
TEL06（4800）4888
《めじるし》帝国ホテル大阪の通り、源八橋西詰を曲がり、同心町の通り沿い

ビランチャ、ドゥエ・ガッリ、カーサリンガ

穴場のランチデートを決め込みたい

スフィーダ アル・チェントロ、ポンテベッキオはおいしいけど、ちょっと高い。そこで、天神橋界隈のイタリアン入門篇として、使える店を探してみた。

あいにく、前日のワインが抜けず、二日酔いぐるぐる状態であるが、ランチなら大丈夫だろう。

まず行ったのが『Ｈａｎａｋｏ－ＷＥＳＴ』が絶賛していたビランチャ。

「１８００円のコースだったら、お席はキープできます」と言う。

あんなに絶賛されていたのだから、人気店なのかもしれないし、しゃあないので頼んだ。が、行ってみたら、全然座れた。

たぶん、田舎のイタリアを意識したであろう店内は、座席数が少なく、厨房が見える。試しに昼間っから不倫の話なんてしてみたら、やっぱり店がシーンとした。

牛肉をローストして、バルサミコのソースで食べるようなのを食べた。1800円とかのランチであった。しかし、なんだかどうも本場っぽすぎて、わざわざ大阪で食べるような味ではないような気がした。たぶん、イタリアから旅行して帰ってきたばっかりとかに食べれば感動するんじゃないかという味だ。あと、この店を「よくできている」とか言ったら「わかってるね」とか言われそうな味。

東京人でも大阪人でもなく、わかってないひねくれ者の私は、次に母親の行きつけのブティックにいる人のイタリア人の旦那さんがやっているというドゥエ・ガッリへ行った。場所は、その昔、西川きよしが選挙戦の時に泊り込んでいたという、ホテルくれべの近く（意味のない解説でした）。

マネージャーのパウロ・ブラズィさんは意外に痩《や》せた（勝手に太っていると思っていたのだ）感じのいい人で、広々とした店のつくりも落ち着ける。

料理はフィレンツェ系らしい。どういうものをフィレンツェ系と呼ぶのか、私にはよくわからないのだが、1000円のランチで前菜からびっくりさせられた。ハムだの、イタリア風の具の入ったオムレツをカットしたものだの、お皿に山盛り載っている。

パスタのあと、デザート、コーヒーまでつく。デザートも、しっかりした、バニラのムースで、フルーツまで添えてあった。しょっちゅう通えるあっさり味も、ビジネスマン向けといえるだろう。

ただ私は、イタリアンには上品さよりもインパクトを求めてしまう。もっと下品でいいから、あつあつの、にんにくじゅうじゅうの、オリーブオイルの濃いのを食べたいとか思ってしまうのである。

こうなったら好みの問題である。もうちょっと、大阪っぽい濃いイタリアン。二日酔いにもかかわらずそんなことを言う私におびえながら、FM802のニシオカちゃんが連れていってくれたのが、カーサリンガだった。

場所はほとんど西天満。国道2号線からちょっと入った公園のそばである。

自家製オイルサーディンと大葉のパスタを食べた。サーディンがさほどオイルに浸かっていないし、大葉がきいて、二日酔いでもOKの味であった。こちらも、1000円で豪快な菜っ葉のサラダとちっちゃなデザート、コーヒーがつく。

どうやら堂島の電通《でんつう》の近くにあるワインバー、バリックの姉妹店らしい。

「それやったら晩に来て、ワイン飲むべきやったな」

二日酔いでもまだそう言う私に、ニシオカちゃんは笑っていた。こんな店を知っているなんてあやしい。

「ここええやん、デートに使える雰囲気やん」

「……そやな」

口を割らない女である。

世界の電通の皆さんも、バリックでは顔をさすという時は、ここへ来るのだろうか。

絶対、夜がおもしろそうだ。

DATA
●ビランチャ
大阪市北区東天満1—10—10　サンファースト南森町1階
TEL06（6882）2020
●ドゥエ・ガッリ
大阪市北区西天満3—5—18　第3新興ビル1—01
TEL06（6360）3300
●カーサリンガ
大阪市北区西天満5—11—25　メゾン梅が枝1階
TEL06（6365）0003

ポンテベッキオ

強気の山根シェフの採算度外視イタリアン

西梅田に「モード・ディ・ポンテベッキオ」というのができて、予約が取れないくらいはやっている、と聞いたのが、2000年の夏を過ぎた頃。

どうやらもともと上本町にあって、天満橋に移転した「ポンテベッキオ」の2号店だということで、興味をもった。

「ポンテベッキオ」といえば、思い出は10年以上も前にさかのぼる。まだ上本町の、本当に小さな橋のたもとにある一軒家のレストランだった時、FM802の宣伝物のディレクションをやってもらっていたBOWという会社の社長のナカジマさんに連れていってもらったのだった。

ナカジマさんはもともと、自衛隊の航空学校に行っていた人という珍しい経歴の人で、そのせいか、ふだんからどこかきりっとしていて、怒るとめちゃくちゃ怖いという噂だった。

文学が好きで、飲むと壊れた。そういうところも、私は好きだった。

　奥様（この人がまた素敵で憧れた）と二人だけの生活のせいか、東京からやってきた人なのに、おいしい店をよくご存知で、私は仕事で事務所へお邪魔した時、2、3度ランチをご馳走になった。そのうち一番印象に残っているのが「ポンテベッキオ」だった。

　本当に小さな店で、本当においしいものをわかっているお客さんのためだけに、ゆっくりとおいしいものを作っている、そういう店だった。

　初めて、ゴルゴンゾーラのスパゲティというのを食べた。それから、穴子をパイのように積んで焼いたものも、出てきたような気がする。ショックだった。今まで、ボンゴレやトマトの煮込みや、ピザみたいなイタリアンしか食べていなかった私には、想像を絶する本物だった。

　あれ以来、イタリアンをどれだけ食べただろう。

　ずっと、気になっていた。ただ、おいそれとは行けない場所だったし、移転をしたとも聞きながら、すでに私は東京に嫁いできてしまっていた。

　とりあえず「モード・ディ・ポンテベッキオ」には、『VERY』の読者の奥さんの取材でランチに行った。新宿のパークハイアットの中にある、ニューヨークグリルをちょっと小さくした感じ。おしゃれだったけれど、味は、まあ、取り立てて、というほどのこともなかった。

正直、ちょっとショックだった。でも、シェフは代わっていないと言うし、そこはあまりにも広くて、はやりすぎていた。

それに、本当はおいしいのに、私が最初のインパクトを大事にしすぎていて、過小評価しているのかもしれないとも思った。

思いきって、移転した天満橋の「ポンテベッキオ」を訪ねた。

今っぽいスタイリッシュな店のつくりになっていた。ランチで4000円だという。

付き合ってくれた女友達は常連で「でも、ランチでも手を抜いてないから、夜よりは得よ」と言う。

前菜、パスタ、メインから自由に選べる。3人でばらばらなことを言った。そこに、サラダとデザートもつく。しかも、デザートも選べるのである。

大変なことになった。このゴージャスさは、メニューを書くしかない。

炭火焼のタコ、ういきょう、クレソンのサラダ。ハマグリと春野菜の入ったサフラン風味のタリアッテレ。丹波《たんば》産イノシシのパッパルデッレ。アナゴの炭火焼フレッシュトマトのソース、西洋ワサビ風味。ブレス産バルバリー鴨のロースト、ポロネギ風味、そば粉のポレンタ添え。和牛タンの軟らか煮、さっぱり野菜の煮込み添え。……

「……この後、デザートになります。それぞれお選びください」

質、量、これでもかである。温かいチョコレートのスフレから、じわっとチョコレートが溶け出して、何もせずとも甘い洋梨を添えたピスタチオのアイスクリームが、胸を溶かす。

やがて山根さんが現れて、イタリアについて、食について、熱く語り出す。

「和も中華も、イタリアにつながるねん。世界中、食はつながってるねん。でも、何がイタリア料理か？　って聞かれたら、料理人の心にどれだけイタリアが入ってるかやと思うねん……」

採算度外視。思いきりいい食材を、思いきりおいしく作って、けちらず思いきり美しく盛り付ける。生意気なまでに一番にこだわる。こんなイタリアンは大阪にしかない。

思い出のポンテベッキオは、場所を変えても心根を変えず、時代とともに進化していた。

そして、ちょっとおしゃべりなまま。

……まるで理想の男性像のような、力強い店である。

DATA
大阪市北区天満1—5—2　トリシマオフィスワンビル1階
TEL06（6356）3725

第　10　章

本当は書いてはいけないバー

大阪トロトロナイト、つまりオオトロの夜

ジェイムス・イングラム、ルーサー・ヴァンドロス、オージェイズ、ピーボ・ブライソン。……ソウルバーでかかるようなブラックコンテンポラリーの曲を暗闇《くらやみ》で聞きながら、ディープな大阪人は「トロトロやんけ」と言う。

その正しい意味、誰が言い出したのかはわからないが、おそらく「心も体もとろけそうな」というところからきているのだろう。

ただ音楽だけでもダメで、お酒だけでもダメで、空間だけでもダメ。もちろん、エエ相手といるだけでもダメで。そのすべてが溶け合って、自分までがそこに溶けてしまうというような状況。

ジャマなものは何もなくて、自分の感じられる感覚のすべてが、甘い甘い蜜で満たされているような状況。

それが、トロトロ、なのである。

思うに、東京に住んでいると、なかなかそういう状況はむずかしいし、誰もそこまで求めていないのではないか、と感じることさえある。

たぶん、トロトロは、お金や努力では買えない、何かだから。


大阪には「トロトロ」な状況に簡単にアクセスできるバーが多い。

まず、ソウルバーが多い。内装にお金をかけられないので、暗い店が多い。せめて音響にはこだわっていたりする。狭いから隣の席がくっついている。または、関西人はソファー好きが多いので、低いソファーに詰め込まれる。古い店舗が多いので、湿気クサイからお香かなんか薫《た》いていたりする。これがまた、いいのである。

前著の『大阪の女はえらい』では「関西弁で恋愛をするのはむずかしい」と書いたけれど、いわゆるトレンディな恋愛でなく、ストレートにもち込む恋愛、トロトロな恋愛には関西弁というのもかなりポイントが高いのである。

「……エエやんけ、な？」

「あんたと？　ウソやん」

「ほんまほんま。本気やで、オレ」

「……」

それで、合意に達する。

「ほな、出ようか」

私はといえば、社会人になってからは悲惨な恋愛が多く、なかなかこううまくはいかなかった(……と、言っておこう)。

結婚前、26歳くらいの頃は、特にそれまでの新聞記者時代からの暴飲がたたったのか、酔っ払って正体をなくす、ということも2度3度ではなかった。周囲の皆様には、大変ご迷惑をかけた次第である。この場を借りて、深くお詫びしたいと思う。

そのうちの一番大きな事件はといえば、ホテル関西泥酔事件であろう。

その日は、802のスタッフ、レコード会社のプロモーターの人たちと、総勢10人近くでカラオケに行った。当時のカラオケはボックスがまだ少なく、一人5000円で飲み放題歌い放題というところが多かった。その日も、いわゆるカラオケパブだったと思う。

そういうところの水割りはろくなお酒がない、というのはわかっていた。わかっていたのに、ガンガン飲んだ。なぜそんなに飲んだのかわからない。今の夫に出会う直前の私は、いい会社にいるくせに将来のことが不安で、恋愛にもなかなか踏み込めず、やや自暴自棄になっていた。開局して1年半くらい経って、仕事も一段落つき、猛烈に走り続けた疲れが心身ともに出てきていたのだとも思う。

ふらふらと立ち上がり、トイレにつっぷして、そのまま意識をなくした。

それから、店の人が来て、仲間のみんなが呼ばれ、集まってきた気配がした。しかし、体はまったく動かない。

そのまま、汚い私を誰かが肩を貸して歩かせてくれていた。でも、あまりたくましくはなく、小さな笹の木に寄りかかっているような感じがした。冬の、夜の外気の冷たさが、うっすら頬《ほお》にきた。

「綾ちゃん、歩ける？　大丈夫？　歩いてよ」

キドさんの声だった。広報の私のアシスタントとして会社に入って、社員同然、いやそれ以上に働いてくれていた、年上の彼女。夏には体重が40キロを切ることもある彼女が、48キロの私を支えて、必死に外を歩いていたのだった。

前が見えず、意識は朦朧《もうろう》としていて、私は、歩いていることすら不思議だった。

そのうち、どうやらビジネスホテルにたどり着いた。ホテル関西の赤いネオンの残影が瞼《まぶた》に残った。

「レディースフロアっていうのが、あるんですか。よかった。じゃあ、そこへお願いします。綾ちゃん、朝、ちゃんと帰るんよ」……

寒くて目が覚めると、真っ暗なベッドの、ブランケットの上に、ハイヒールを履いてショルダーバッグをもって寝ていた。

あ、キドさんが、ここへ運んでくれたんだ、とわかった。意識ははっきりしたものの、体が動かない。寒いからベッドのなかへ入りたいのに、動くとまた胃からこみ上げてくるものがある。

あー、江利《えり》チエミってこうやって死んだんだろうな、と真剣に思った。

私は、生きている。それは、大阪の仲間がいてくれるからだと。

それでも私は、1週間後にはまた飲んでいた。

会社はバブルで景気がよく、イベントや特別番組の後には必ず打ち上げがあり、それが2次会、3次会になったのだった。

石の花、酒都、つるつる、ちるどれん。ミナミのバーをはしごするか、ライブもあるネスト・サルーンへ行って、その後、朝までポテト&キッズ（通称ポテキ）にいるか。

当時の802には、フロアのど真ん中に「FUNKY BAR」という社内バーがあって、6時を過ぎれば自由に飲んでもいいことになっていた。

なんで、そこまで飲んだのか。

会社のせいではない。まぎれもなく、私は自分の意志で、飲んでいたのである。飲むことで、見失ったり、見過ごしたりしたものは、いっぱいあったかもしれない。けれど今、大阪へ帰って飲みに行くと、あの時見失ったり見過ごしたりしたものが、今度は見えてくるような気もするのである。

私はあの頃、飲むことで、あちこちに、みなぎるような時間を、トロトロの快感を閉じ込めたかったのかもしれない。

いや、そのトロトロな大阪をもっと味わうためにこそ、そこから出ていきたい、離れたいと、もがいていたのかもしれない。

大阪へ来て、はじけてしまう有名人は多いと聞く。

役者、タレント、アーティスト、作家、ミュージシャン。えっ、あの人が？　というご乱心、ご乱行のエピソードを聞く度、悪魔のようにほくそ笑みたい気分になる。

やられたに違いない、大阪のトロトロさに。

そして、呪文のようにつぶやくのである。

「……また、来てまうで」

一歩入り込んで仲良くなって、たまーに来る。トロトロは、それに限る。

ちるどれん
だいぶ普通の店になってきてんで

「ちるどれん」の祐子さんといえば、東京の活字業界でもかなりの有名人である。

いや、祐子さんを知らないというのは、活字業界でもニセモノであろう。

FM802では、今、代表取締役専務の石原捷彦《いしはらかつひこ》氏と飲みに行くと、だいたい3軒目くらいでここに連れていかれる。

祐子さんは、ぽっちゃりしたAikoふうの美人である。黙っていれば、かなり妖艶《ようえん》だ。しかし、心と口が直結したマシンガンなので、たいていの男は、めった撃ちになって、それでも幸せそうに帰っていく。

ちなみに石原専務は10年くらい前、前髪を切りそろえた髪型をしていたところ、この店に入るなり「来た、ドイツの鉄兜《てつかぶと》」と言われ「鉄兜を脱げ」と帰るまで連発されて、その後、髪型を変えた。

教授とか呼ばれている世界のアーティストが来て、そのマシンガントークにすっかり打ちのめされ、負けてはならじと酔っ払ってパンツを脱いだという伝説もある。

……見たかったな。

どういう基準で取っているのか、2号、3号と言いたくなるようなものすごい兵器的女がバイトに採用されていて、めちゃくちゃおもろい話をしてくれる。

いつだったかブティック勤務の女がいて、私に「ブティックの女は辞めるときに服をいっぱい盗んでいく」という話をしてくれた。

まったく犯罪の匂いをさせず、むしろ当たり前にすら聞こえるほどで、心地よかった。なんという話術であろうか。

私ももうちょっと話術ができたら、この店に勤められたのにと思う。

だって、祐子さんはすごい男前をつかまえて結婚したというじゃないか！

ずっこい、と思うわ、祐子さん。お互い男がいなかった時「オ××ーしたほうが体にエエって、産婦人科で薦められた。したほうがエエで」って、私に言うてたのに。

この間、久々に会ったら「だいぶ普通の店になってきてんで」と言っていた。

「ほんなら、ちるどれんとちゃうやないか！」と、東京から来たはずの石原さんが、大阪弁で怒っていた。

DATA
大阪市中央区心斎橋2―3―5　日宝ファインプラザ3階
TEL06（6213）1009

emme lounge
バブルの匂い消えぬソファー席でお金持ち気分

１９８０年代の中盤。その頃、大阪でもっとも『ａｎａｎ』に登場したのは、鰻谷だったと思う。ディスコブームとＤＣブランドブームの火がやや落ちて、カフェバーブームと古着ブームが、過熱していったのであった。

鰻谷＝オトナ、という図式が、私たちのなかに芽生え、プールバーに憧れ、ＴＡＢＡＣでパーティーをするのがかっこいい、と本気で思っていた。

その頃から「ｅｍｍｅ」は存在した。どこかのＤＣブランドのメーカーがやっているという話だった。当時は、ＢＩＧＩの袖《そで》のところがストーンウォッシュになっているスタジャンを白いプリーツスカートで着て、モノクロのソックスにエナメルの紐靴《ひもぐつ》なんかを履き、イタカジの男とそこでデートするというのが、かなりイケていた。

社会人になってからも、その暗さ、音の良さ、ＶＩＰルームの３階席のソファーの居心地のよさで、よく使った。

ついこの間行ってみたら、DJブースができ、1、2階はかなりうるさい音になっていた。クラブ化していた、とでもいうのだろうか。

店員もすっかり変わっていて、もちろん、VIP席などには案内してもらえなかった。が、噂によると、あそこはあのままだと言う。

ろうそくの火で、暗闇のなかを階段を上っていく、オトナな感じは、残っていた。

しかし、音はやはり、タック&パティとかが似合うと思う。

支店が北新地にあって、今ブイブイいわせている空間デザイナーの森田恭通《もりたやすみち》さんがエルメスのスカーフをオブジェにした「MINIMUM」。

もとemme、な人たちはそっちに流れているという話もある。

なんで流れなあかんの、と私は思う。3階を取り戻したいものである。

DATA
大阪市中央区東心斎橋1—12—9
TEL06（5251）4658
《めじるし》鰻谷の通りを東へ

at ease
FM802のためにつくった、ポテキの2軒目

太融寺《たいゆうじ》に、ポテト&キッズという店がある。ビルの半地下で、狭くて古くてびっくりするほど目立たない店だが、夜中のミュージシャン遭遇率の高さは、大阪一である。

私はそこで、大手プロダクションの社長にもたくさん会ったようだ（断定できないのは、どちらも酔っ払って名刺交換しているから）。

とにかく、大阪城ホールだの、厚生年金会館だの、フェスティバルホールだのでコンサートやライブをやった打ち上げの、最後の最後がこの店と決まっているのだ。

誰が決めたのかはわからないが、今、FM802の大プロデューサーである栗花落光氏が「ほな、ポテキ行こか」「ポテキで待ってるわ」と言い続けて数十年、という影響はかなり強い。

マスターは、脱サラで、この店を始めたのだという。

栗花落さんへの恩義はかなり強くて、2号店は「802のために、802のそばに」と、南森町にオープンした。

店の名前は「at ease」。訳せば、気楽に。大阪弁にすれば、故・若井《わかい》小づえ師匠の「おっきがるにー」になるのだろうか。

名付け親は、あのマイケル富岡《とみおか》の実のおねえさんであるDJのシャーリー富岡さんだ。

ポテキは3軒目や4軒目にたどり着く店なので、ほとんど食べ物を食べたことがないのだが、こちらはややイタリアンっぽい感じで、野菜料理がおいしい。

内装も、シンプルなイタリアンモダン。四角い広いテーブルはものを食べるのに高さがちょうどよくて、私は結婚する際に、ここでテーブルの高さを聞いてダイニングテーブルの参考にさせてもらった。

ちなみに、マスターはエリック・クラプトンに似ている。Charや石田長生さんと並んだら、バンド組めそうな顔である。

なんで脱サラしてこんなに居心地のいい飲食店をつくれたんだろう、と、今、これを書いていてやっと疑問が湧《わ》いた。

そんなこと考えたことがなかったくらい、当たり前にいつ行っても変わらない。

値段もさほど高くないので、業界人ならずとも、行ってみる価値はある。

DATA
大阪市北区天神橋2－3－9　八千代第一ビルB1
TEL06（6358）1624

O BAR
御堂筋を見下ろす不思議な夜景

この店に初めて入ったとき、ヘンな店やなあと思った。

カウンターがあり、白いソファーの席が2つくらいあって、水槽にサメが泳いでいる。

「水槽にサメ」は、10年以上も前に友人の桑原義弘先生が六本木のｄｅｅｐ ｂｌｕｅで初めにやった内装である。『東京ラブストーリー』で赤名リカがしょっちゅう使っていて有名になったのだが、その後、あっという間に全国に広がった。

先生は北海道の人で、私に言わせれば超暢気《のんき》である。特許取っとけばよかったのに、と真剣に思う。

おまけに、この店はソウルバーだという。昔、葡萄屋で回していたというケントさんが回していたりする。選曲は本物。内装とこのギャップが、第一印象のヘンだったのであろう。

ところが、ソファー席に座って、この店の他にはない良さに気がついた。

夜景である。

それも、ひどく中途半端な夜景だ。7階から見下ろす、御堂筋と長堀通り。心斎橋のアーケード。ブランドの看板。夜になればなるほど、人気《ひとけ》がなくなり、車が減り、人工都市を見ているみたいな気分になってくるのだ。

ビルの高さが低い、この大阪らしい夜景が、私は好きだ。北浜《きたはま》のアイル・モレ・コタのバーでも、ちょうど目の位置に高速道路が見えて、車が音を立てず、作り物のように走っていくのが見える。

低い、座り心地のいいソファーに座っていると、もうどうでもいいような気持ちになってくる。これが怖い。大阪トロトロナイトの、基本中の基本。

サメがいないほうが、おしゃれだと思う。

ケントさんに、かっこいいやつ、かけてもらおう。

DATA
大阪市中央区南船場4－4－8　クリエイティブ心斎橋7階
TEL06（6245）2666

SMOOCHY
高そうで安い穴場的ショットバー

店名の名付け親は私。といっても、坂本龍一《さかもとりゅういち》さんの曲から拝借した。ニューヨークのスラングで「キスしたくなるような感じ」という意味らしい。SOUL BARにはぴったりだと思うのだが。

もう一つ、正直にいうと、二人いる私の愚弟の、下のほうの店である。最初の店は北浜。海をイメージしたブルーの光の店だ。硝子《ガラス》のカウンターが売りで、カップルで飲みに行くのに適している。そこが成功して、西区新町《しんまち》に2軒目を出した。

こちらは、当初、イタリアンのダイニングバーにするつもりだったらしいが、どうも厨房が小さすぎて、料理人が「息がでけへん」と辞めてしまったらしい。

それでピザ（一応自家製らしい）などの軽いメニューを残して、基本的にはバーで勝負することになった。

ところが、新町のバーテンダーになってもらったヤマナカくんが、イタリア留学帰りの超男前。で、彼がいるだけで、なんだかイタリアンなバール、という雰囲気ができてしまった。どことなく、高級感も漂う。

内装屋をやっている上の弟はどちらのバーも現場を手がけたくせに「2軒目は高い」と言って行かない。下の弟が同じ値段だと説明しても、理解しようとしないらしい。

大阪のバーは、つくづく人、だと思う。

どんなにきれいにつくっても、それだけで客は来ない。いいバーテンダーがいて、いい客がついて、そこにまた客が集まるのだ。東京のように、何年も続いているからとか、雑誌によく載るからとか、有名人が来るから、というはやり方はしない。

有名人がよく来て、店主が普通の人の相手をしなくなってしまったからといって、はやらなくなってしまった店もある。大バコ（やたら広い）の店が話題になっても、今いち商売にならないというのもわかる。

人どうし、つながらなければ、はやらないのだ。

弟はお酒を飲めないので、酒の味に関してはあまり信用できないが、接客に関してはプロだと思う。中学から大学までラグビーをやっていたから、人にさりげなくチーム感覚を与えられるのだろうと思う。

DATA
大阪市西区新町3—5—3　不動ビルB1
TEL06（6532）8848

第 11 章

うどん

けつねうろんのお揚げさんはなぜ甘いのか

母方のおじいちゃんは、顔が先代の笑福亭松鶴《しょかく》師匠そっくりだった。

「飲む打つ買う」では、断然「打つ」派。とにかく、ばくちと名のつくものはなんでもやっていた。よく中田《なかた》ボタンという漫才師が「子供がブランコしていても、何回で終わるか賭《か》ける」と言っているけど、まさにあれであった。

勝負師は偏《かたよ》ったことをする。

ずたずたのジャンパーを着て金の時計をはめているとか、つんつるてんのズボンを穿《は》いているのに、靴は鰐革《わにがわ》だとか。

そういう人を商店街で見かけると、おじいちゃんは自分のことを棚にあげて、私に言った。

「ハハハ、見てみ、あーちゃん。あれは、勝負しよるのやで」

自分は負けて帰ってくると、寝転んで日本酒を飲んで、半分寝ながら都都逸《どどいつ》をうなっていた。

「しまのー財布がああ、カラにぃ〜なる」

縞《しま》模様の財布はお金が出ていくという言い伝えと、妻であるおばあちゃんの名前が島香《しまこ》だったのにひっかけていたのだろうと思う。

おじいちゃんは食べるものも偏っていた。好きなものは思いっきり好き。嫌いなものは絶対食べない。お酒、甘いもの、脂っこいものが大好きで、野菜は一切食べないのだった。お酒は日本盛の特級、晩ご飯はそれにセコガニとか、牛肉の焼いたのとかを食べていた。それで、寝る前には牛乳にインスタントコーヒーをちょっと落としたミルクコーヒーに、角砂糖を３つ入れて飲むのである。

私はそのミルクコーヒーをもらうのが楽しみで、そのせいかどうか、乳歯のときの前歯は全部おはぐろみたいな虫歯だった。

かにみそとか、イカゲソの焼いたのとか、牛マメ（牛の腎臓）をソテーしたのだとかが特に好物で、時々、私も一口もらった。

私の「一口ちょうだい」癖はここに始まる。人がおいしそうに食べているのを見ると、ついついそう言ってしまうのである。

おじいちゃんが好きだったものに「けつねうろん」があった。

おうどんは、昼、近所のうどん屋からとることが多かった。

「何にする？」

「私、たまごとじ」

「ぼくは、けいらん」

「わしは、けつねうろん」……

ところが昼時、これが、なかなか来ない。

「今、出ましたわー」

というのが日本全国、うどん屋（あるいは蕎麦屋《そばや》）の常套句《じょうとうく》だ。

しかたなく、母親とその妹とで、もらいに行くこともあった。

「今出た」割にはおばあちゃんがテレビを見ていたりして、「ごめん」と重い戸を開けると、暗い店には誰もいなくて、

「あーびっくりしたー」

と、そこのおばあちゃんが言う。「何もしとらんがな」と、びっくりするのはこっちである。

そこの「けつね」はめちゃくちゃ甘かった。たぶん、それがおじいちゃんが贔屓《ひいき》にする理

由だったのだろう。

讃岐《さぬき》人に負けず、大阪人はうどんが好きだ。

昼にうどん。おやつにうどん。小腹がすいたら、うどんでも。

それが、ラーメン文化に立ち遅れた原因であるともいわれる。

いや、ラーメン文化を遅らせたのには、もう一つ理由がある。

大阪の町のうどん屋さんには、丼ものと一緒に、中華そばというメニューがあったりもするのだ。つまりラーメンなのだが、麺《めん》が黄色い細うどんみたいな麺で、汁もやや甘く、鳴門《なると》とシナチク、チャーシューではなく普通の豚肉の薄切りが入っていたりするのが特徴である。

つまり、うどんふうなラーメンなのだ。

しかし、なぜこうも、食べ物が甘いのだろうか。

そういえば、蕎麦の汁も甘かったりする。辛口の東の味で進出してきていた「そじ坊」や「藪《やぶ》そば」は、関西では今ひとつ盛り上がっていない。

おじいちゃんほどの甘党でなくとも、麺にはほどよい甘味が必要なのである。

それはたぶん、大阪の食生活が、どこまでがご飯で、どこまでがおやつで、どこまでが夜食なのか曖昧《あいまい》なせいだろうと思う。

根本的な問題に、水のせい、もあるかもしれない。

結婚前に駆け込みで料理を習っていた時、先生が教えてくれた。

「東京は、水が硬いから、鰹のだしが出にくいの。その代わり、煮干のだしは出やすいから、せっせと煮干使《つこ》うてね」

こっちの水は甘いぞ、あっちの水は辛いぞ、というわけである。

思えば、ファッションにしても人にしても、東京のものはだいたい辛口で、大阪のものは甘口、というふうに大きくくくることはできるかもしれない。たとえば、好む定番色も、大阪はピンク、東京は黒、というように。

甘いとは、どういうことだろう。

きつねうどんを頼む時「けつね……」と発音しそうになるのを抑えつつ、私は考える。

甘さは糖分だ。糖分は、すぐエネルギーになる。

すぐ怒ったり笑ったりするのに、大阪人には「すぐ」のエネルギーが必要なのではないだろうか。それとも「すぐ」のエネルギーばかりとっているから、すぐ怒ったり笑ったりするのかもしれないな、と。


おじいちゃんが死ぬちょっと前に、私は夢を見た。

大好きだった神社のお祭りの、露店を回る夢だった。

不思議なことに、露店のすべてがうなぎ釣りで、おじいちゃんは、途中でおじいちゃんのお母さんとお父さんに出会い「あーちゃん、先に帰っといて」と、子供のようなうれしそうな顔で、行ってしまったのだった。

別れた場所の、境内《けいだい》の脇にだけ、綿菓子がいっぱい売っていて、私はそれを食べながら家に帰った。でも、おじいちゃんは帰ってこなかった。

甘い甘い綿菓子の味と、一人で帰る自分の心もとなさを、夢のなかで感じた。

味覚を伴った夢を、それ以来、見ていない。

「甘い」ということは、濃い、深い、意識より奥に沈んでいる愛情にまでつながっているような気がする。

今井

基本のけつねうろん

基本のきつねうどんが食べたくなると、私はここへ行く。

この間、お隣が工事をしていて、間違って帰ってしまった。一回食べ損ねたと思うと、つらい。

白木の玄関、墨の女字の「今井」が優しい行灯《あんどん》。ここへ来ると「私は浪花《なにわ》の女やで」と誇れるような気分になる。

2階席もあり、大阪の店にしてはいつも静かなのは、ちょっと値段が高いせいだろうか。

ただし、よその高い店で「きつねうどん」と言うとがっかりした顔をされたことがあるが、この店ではそんなことがあった試しはない。穴子鍋を頼もうと、きつねうどんを頼もうと、同じように微笑んでもってきてくれる。そして、どちらもそれぞれにおいしく、ダシの味は変わらない。

ここのダシは有名で、決まった産地の昆布と鰹で作りたてを出す。透き通った琥珀色で、なんとも奥ゆかしく、しかも芯《しん》のある味がする。もしも地獄で閻魔様《えんまさま》に食べられるとしたら、私をこんなダシに浸けてほしいものである。

自家製の麺は太すぎず細すぎず。硬すぎず、柔らかすぎず。喉ごしつるつると、けっして「しこしこ」というのではない、大阪の麺である。

お揚げさんがまたすごい。

載っかってやってきた時はけっしてダシの味をジャマしないのに、口に入れるとほんのり甘いのである。

そう、今井のきつねうどんのお揚げさんは、きつねうどんこうあるべきというお手本なのである。

「おおきに、ありがとうございます」

という、レジの声を聞きながら、ついついお土産も買いたくなる。

店に売っているわらび餅もとびきりおいしいし、おうどん類は大丸心斎橋店の地下食料品売り場でも買える。

DATA
大阪市中央区道頓堀1―7―22
TEL06（6211）0319

はがくれ

大阪で行列という言葉を生んだうどん

いつ行っても行列である。

大阪人は行列嫌いなはずなのに、この店ができてからというもの、行列している店を何軒か見るようになった。まさに大阪行列発祥の店である。

いらちの私も、清水《きよみず》の舞台から飛び降りる気持ちで並んでみた。どんなけおいしいねん？という挑戦の気持ちもあった。私の前の客はどうやら東京からの出張サラリーマン2人組で、照れ隠しのように「いやあ、ここだけは寄って帰らないとさ。何にも楽しみないじゃん」なんて言い合っている。

しかし、所詮、うどんを食べるのに粘る客もいない。意外に早く席にたどり着いた。

すでに注文してあった「きじょうゆ」600円が、ほとんど同時に席につく。怒濤《どとう》のコンビネーションである。

る。

「食べ方わかる？」

ラッキーにも店主から食べ方を直伝《じきでん》してもらった。釜から揚げて水で冷やしたおうどんの上に、まず徳島のスダチをふる。そこへ、おしょうゆを一周半、回しかけて、混ぜて食べる。

それだけのものが、こうもおいしいか！　しこしこ、つるつるの麺、これぞ讃岐うどんの王道である。……そんなふうに確か、山本益博《やまもとますひろ》氏が大絶賛してはやり出したと記憶している。

同じことを言うのはイヤだが、そうだからしかたない。

その後、讃岐うどん系の店が大阪に増えるようになった。大阪うどんと違うのは、麺が硬めだということだ。「しこしこ、つるつる」と、素麺《そうめん》の感覚に近い。

どちらがおいしいというよりは、季節と体調によって食べ分けるのがいいだろう。

飲んだ直後は大阪うどん。その翌日には讃岐うどん。これである。

ちなみに、並ぶ時間がないときは、同じ第3ビルにある「めん次郎」というカウンターの店も、そんなに悪くはない。食券を買うような感じのラフな店だが、おっちゃんもOLも暖簾の下から仲良く足を出している。やや大阪寄りの讃岐系である。

DATA
大阪市北区梅田1−1−3　大阪駅前第3ビルB2
TEL06（6341）1409

つるとんたん

太さ選べて一家大満足

みんなで「さあ、うどんでもいくか」という状況になった時、けっこう困るのが、そういう店がせいぜい4人掛けの、小さいテーブルしかなかったりすることだろう。でも、もう大丈夫（へんな通販みたいな呼びかけだが）。この店なら、大グループも大家族も地下のフロアで一緒にうどんできるのである。

宗右衛門町《そうえもんちょう》とはいっても、堺筋にまで出ないといけない、つまりミナミの中心から少し離れる分、場所的にゆったり感のある店だ。

基本的には、讃岐系。かといって、嚙み切れないほどのしこしこぶりではない。おだしも優しく、万人受けしそう。大きな瀬戸焼の器に入って、どーんと出てくる。

えらいのは、どんなおうどんも、麵の太さを「太め」「細め」と選べること。

時々、年寄りや線の細い女性などで「うどんは喉つまるような感じで」という人がいるが、ここでなら「細め」と指定すれば、食べられるのではないだろうか。

でも、私はちょっと失敗した。先日、鍋焼きうどんで「細め」と言ってしまったのである。鍋焼きはかなり器も熱くなってくるから、海老のてんぷらだの鶏肉だの豪快な具を食べているうちに、ややうどんが伸びてしまったような気がした。

鍋焼きの場合は「太め」がお薦めである。肌寒い時、あちあち言いながら食べる鍋焼きうどんがあれば、すぐにラテンな心に戻れる。

夏場は、細めのざるがおいしいだろうと思う。冷房よりも、喉元を冷たいもんが通っていく幸せが、明日の健康をつくるのである。

同じ値段で大盛りができるのも、この店のすごいところだ。

大盛りにしても値段は上がって麵はいっこうに増えていない気がする、あの東京・神田《かんだ》の老舗の蕎麦屋さんも見習ってほしいものである。

北新地にもかなり夜中までやっている支店があるという。

今度「喜庵」で蕎麦を食べ、「古久」でラーメンを食べて、「ヂヂ」でスパゲティを食べ、「つるとんたん」でうどんを食べるという、新地麵づくし、っちゅうのは、どうかいな？

DATA
大阪市中央区宗右衛門町3—17
TEL06（6211）0021

美々卯

新大阪で、浪花の名残を噛みしめる

すでに東京でも名古屋でも、誰もが知っているだろう「美々卯」を、最後の最後にもってくるとはどういうことだと思った人も多いことだろう。

私のお薦めは、新大阪駅の「美々卯」である。

構内の1階、2階に2軒ある。JR大阪駅から新大阪まで一駅乗ってしまった人は、駅員さんに言って、いったん改札を出なくてはならない。それからエスカレーターを一つか二つ、降りる形になる。

店に入って驚くのは、びっくりするほど、こんなところでゆっくりと、うどんすきを食べている人の多いことである。こんなところで食べるなら本店に行くほうがエエのとちゃうのん、といらぬおせっかいを言いそうだ。思うに、きっと、少し早めにお見送りの時間を取って、大阪の知り合いと一緒に、最後の大阪を味わう人が多いのだろうと思う。

昆布をきかせ、薄口しょうゆでほんのり色づいたダシに、はまぐり、海老、穴子、湯葉、巻いた白菜などを入れて食べる。そして、最後の最後に太めのおうどんを入れる。

なんといっても、元祖「うどんすき」の店である。あっさりとした、何ぼでも食べられそうな味は「また来てや」と言うのにあまりにふさわしい。

いろいろ大変やけど、また来てや。

みんなでこないしてうまいもん食べられるのが、幸せやさかい。

エエがな、エエがな、ここはうちらのおごりや。……

私はいつも、そんな家族たちの景色をぼーっと見ながら、きつねうどんを一つ頼み、さっさと食べて、大阪から東京に戻る新幹線に乗る。

「みーんなで一個の、おっきい家に住んだらエエのになあ」

姪《めい》っ子が幼かったときの、そんな一言を思い出しながら。

大阪はおっきい家なのだと思う。

でも、みーんなで住むことは、できない。

だからせめて、一緒にいる時は、なんぞうまいもんでも、と思うのだろう。

DATA
大阪市淀川区西中島5－16－1 新大阪駅構内1階、2階
TEL06（6302）8170

第　12　章

「あまいもん」
と
「お持ち帰りー」

あまいもん

●北極のアイスキャンデー

家族みんなで。昭和20年創業のアイスキャンデーは戦後ッ子の羨望《せんぼう》の的でもあったそうな。子供の頃、私以上に親が喜んで買ってくれたのを覚えている。小豆《あずき》、ミルク、抹茶、パイン……と味もいろいろあって、キャンデーに斜めに刺さった割り箸状の棒もノスタルジック。一本100円。数がまとまれば発送もしてくれるという噂。

DATA
大阪市中央区難波3―8―22　TEL06（6641）3731

●角屋のソフトもなか

お金のないデートに。千林商店街を歩けば「人生、お金がなくてもけっこう楽しい」と思える。脂肪分の少ないアイスクリームをはさんだもなかといえば「ゼー六」が有名だが、私は地元を贔屓してこちらを推す。今どき70円。ちょっとジェラートタッチのソフトクリームをたっぷりはさんでくれる。回転焼きも美味。

DATA
住所、電話不明（おばちゃんは忙しいので）
《めじるし》地下鉄谷町線千林大宮駅下車。千林商店街のアーケードからははずれるが、その辺で聞けばたぶん教えてもらえる

●庵月の栗蒸し羊羹

うるさい人、姑、小姑などへのお土産に。この手の食べ物は東京や京都にかなわないと思われがちだが、庵月の栗蒸し羊羹を食べればぐーんと胸を張れること請け合い。期間限定で、秋頃から1月いっぱいくらいまでしかない。程よく甘く柔らかく煮た栗がごろっと入っていて、栗好きは泣く。1本3000円前後（その年による）とちと高いが、ハーフサイズもある。

DATA
大阪市中央区東心斎橋2－8－29
TEL06（6211）0221

●喜八洲のきんつば

量の必要な人、小豆フリークの人に。どでかいきんつば140円は、でも、けっしてくどくなく、ほろっと柔らかいので「こんなに食べられない」と思っても食べてしまう。出入り橋のきんつばもおいしいが、ちょっと駅から離れているので、難波にも大阪駅前第四ビルにもあるこちらを。喜八洲の十三《じゅうそう》の本店は酒まんじゅうが有名で、蒸かしたてはこちらもまた美味。

DATA
大阪市淀川区十三本町1−1−4−2
TEL06(6301)0001［第四ビル店は06(6341)3749］

●パットオブライエンのタルト

本命の人、本命と思わせたい人と。古い雑居ビルの奥にぽっとまるで心の灯火《ともしび》のようにあるわりと古いカフェ。いつも混《こ》んでいるので、カラメルとナッツでできた濃いタルトでも買っておうちへ帰るのも利口。総じて濃い系のタルトやケーキは、アールグレーやヨーロピアンタイプの濃いめのコーヒーに合う。濃い甘さというのも、一種の興奮物質だという感じがする。

DATA
大阪市中央区西心斎橋1―9―28　第3大京ビル1階
TEL06（6245）9858

●ル・アイのナポレオンパイ

女どうしの長いおしゃべりに。大阪のナポレオンパイといえば、インナートリップの「ナオミ」があまりに有名だけれど、私はル・アイがもうちょっと若々しくて好き。パイはさくっと、赤い酸っぱくないシロップをたっぷりかけたおっきな苺がかわいくて。カスタードクリームにバニラの粒々が入っているのも合格。

DATA
大阪市中央区心斎橋筋1―6―12
TEL06（6241）9006

お持ち帰りー

●中村屋のコロッケ

この世に生きるすべての人に。FM802時代、玉置浩二《たまきこうじ》さんにもドリカムの吉田美和《よしだみわ》ちゃんにも食べていただいた。みんな大好き、一個60円の味。今どき60円でこんなにおいしいものがあるなんて、と涙が出そうになる。基本はじゃがいも、ちょっぴり牛ミンチ。でも何が入っているのか、ほくほくとジューシー。玉置さんいわく「おいしいスープが詰まっているような」。一個買って、歩き食いしながら、天神橋筋商店街を歩くというのも楽しい。

DATA
住所、電話、掲載せず（おっちゃんは忙しいから）
《めじるし》地下鉄谷町線、あるいは堺筋線の南森町駅天満宮方面に下車、一丁目の商店街を入ってまっすぐ、右側

●本二鶴の巾着寿司

怖い奥さんに。あるいは、別の場所に帰っていく愛しい人《いと》に。「言い訳ずし」の別称もあり。佃煮になるまで煮込んだ甘い椎茸、もみのりを入れたごはんに海老、えんどうがちょこんと。……おいしいものを黄色い卵の巾着《きんちゃく》にしたお寿司は、一個950円。お土産として手渡す相手をも優しくくるんでくれる。箱寿司がもちろん有名だけれど、これ一個食べるほうが、なんだか満足できる気がする。夜中の12時までやっているのもうれしい。

DATA
大阪市中央区宗右衛門町5—25　TEL06（6211）4576

●絹笠のとん蝶

あんまりたくさん食べたくない時の、新幹線のお弁当代わりに。白蒸しのおこわに刻み昆布、大豆が入っている。真ん中にかりかりの梅干。三角の形で竹の皮を模したパッケージに入っている。薄塩のおこわがおいしくて「大阪ごちそうツアー」をした最後でも、さっぱりといただけ、腹もちもよい。最近、唐辛子入りも出た。

DATA
大阪市淀川区西中島5—16—1　新大阪駅構内B1
《めじるし》新大阪駅構内、地下1階のみやげ物売り場

●豆狸のいなり寿司

梅田に出て晩ご飯を作りたくなくなったミセスに。うめだ阪急の地下1階で、行列の絶えない店。なんのことはないこぶりのいなり寿司だが、お揚げさんの炊き方、酢飯のころあい、黒胡麻の香ばしさ、とシンプルな後を引く味であっという間に人気を確立した。30個くらい買っていく人も少なくない。いったい、何人家族？

DATA
大阪市北区角田町8—7　うめだ阪急B1
TEL06（6367）2036（豆狸直通）

●和田八のかまぼこ

酒飲みの目上の人に。「甘いもんなど見たくもない」という人には、竹籠に詰めたここのかまぼこが喜ばれる。しこしこっと腰のあるかまぼこは、その昔、キタの新地が全盛時代の、わりときれいな和服のママがいるような店のお土産によく使われていた。……いなば幡七のおはぎ、ポワールのチョコレート。あ、ブランドもののハンカチも多かったけどね……。地方から関西に来ている人にも、このかまぼこの味は受ける。

DATA
大阪市北区曽根崎新地1−2−29
TEL06（6345）0808

●一芳亭のシュウマイ

ちっちゃい子供から歯の悪いおばあちゃんのいるおうちにも。豚肉、玉ネギ、海老などを柔らかくまとめたシュウマイは、皮が薄焼き卵になっている。スポニチがまだ福島にあった頃、お昼にシュウマイ定食を食べに行ったのだが、本店には私は行ったことがない。中華家庭料理の店なので、他のものもきっとおいしいだろうと思うのだが、他のものは食べたことがない。

DATA
大阪市浪速区難波中2—6—22　TEL06（6641）8381

●珉珉の餃子

いっぱい食べるが味にもうるさいという人に。「餃子イーガー」「餃子リャンガー」という「珉珉語」はもはや全国区。値段は安いが、素材はものすごくこだわっているらしい。会長いわく「淡路島産の玉ネギしか使わない」。千日前《せんにちまえ》にある本店には両手で中華鍋を振る大将もいるらしい。100個4000円で全国配送してくれるシステムもある。私はアメリカ村にある珉珉の味がけっこう好き。餃子の焼きのうまいお気に入りの「珉珉」をもつことは、無形の財産である。

DATA
大阪市中央区千日前2—11—25　千日前本店
TEL06（6641）6088

●阪神百貨店のいか焼き

大阪を愛するすべての人に。たこ焼きがこれほど全国を席巻《せっけん》しても、いか焼きはまだ大阪の食べ物として頑固に居残っている。大きな鉄板を2枚合わせてプシュッーとプレスするとあっという間に焼ける点が、いらちな大阪人にぴったり。ただ、あの鉄板装置がスペースを取るため、普及に時間がかかっているのだろう。有名な阪神百貨店のいか焼きは、安くておいしくておなかが膨れる。出来上がると、いかは小麦粉とプレスのすごさにくたくたに柔らかくなり、卵にソースっておいしいよな、という実感がもてる。お薦めは卵の入ったデラバンで、一枚170円。

DATA
大阪市北区梅田1—13—13　阪神百貨店B1
TEL06（6345）1201（代表）

エピローグ——おなかいっぱいかー、という愛

はっきりいって、書き尽くせたとはとても思っていない。

それくらい、大阪のうまいもんはたくさんあるし、そのひとつひとつが奥深い。

ここまできて「ああ、あの店も書きたかった」と、未練たらたらである。

単に大阪の下町に育って、一通り食べただけの私が語るには身のほど知らずだという感じもする。

それに、この本を読んで、その店へ行って「なんか違ってた」ということも、ひょっとしたらあるかもしれない。

食べ物というものは一回一回が作品で、それは作り手が代われば、また違うものになってしまうからだ。

逆にいえば、作り手が代わっても「うまいな」というものは、「うまい」の標準値止まりになってしまう。

その標準値も、かなり上がっているのだろうけれど、私は一回一回のアナログな「うまい」が好きなのである。

そう、私は人の手作りというのが、とても好きなのだ。

そうやって私のために作ってもらったうまいものを、話の楽しい誰かと一緒に食べる。ため息が出るほどおいしくて、それを共感できて、おなかがいっぱいになる。作ってくれた人も、話に参加してくれる。

「おいしかった」「最高やね」

そして、最後にこう言われると、涙が出そうになる。

「……おなかいっぱいか？」

胃袋も心も満腹かどうか。何の運命か、ここにこうして一緒に食事をできた人が、満足したかどうか。それを確かめるということは、なんとやさしい、うれしいことかと思うのだ。

この本を書くにあたって、いろんな人にお世話になった。

月刊『VERY』の連載「VERY　KANSAI」で出会った素敵な人たち。

FM802のスタッフの皆さん。特に元上司だった、石原さんと栗花落さん。

ここ15～16年の間に、ごちそうしてくれた紳士の皆さん。

取材というと、店そっちのけで語ってくれたシェフ、店主の方々。

遅くまで一緒に飲んでくれた、大阪のライターの野尻さん、松田さん。

いつもながら、『VERY』編集部で私の大阪通いを見守ってくださっている、坂井編集長、相沢編集長代理。

そして、よりによって摂氏2度という年に2日間くらいしかない厳冬の日に大阪にやってきて、東京からの薄着のまま店から店へとついてきてくれた光文社知恵の森文庫編集部の小畑副編集長。

私は、皆さんに、心から、言いたいと思う。

「もうおなかいっぱいになった?」

そうそう、それを言うには、まず「食える」作家になり、おごられるのではなく、ちゃんとおごらなければいけないのだが。……

「今、おごっといてくれたら、100倍にして返すから」

などと、悪徳商人みたいなことを生まれてこのかた繰り返す私だが、住む場所を東京に置いて、今年、いよいよ10年目に突入した。

月一回の大阪通いは、まる2年になろうとしている。

この大阪への長距離恋愛が、大阪への愛をいっそう濃くしている最近だ。

これからも、どこの人でもないというスタンスで、書いていきたいと思う。

「おなかいっぱいかー」
愛をもってそれを言える人間に、いつの日か、なれるように。

２００１年８月

森　綾

地域別
うまいもん屋
マップ

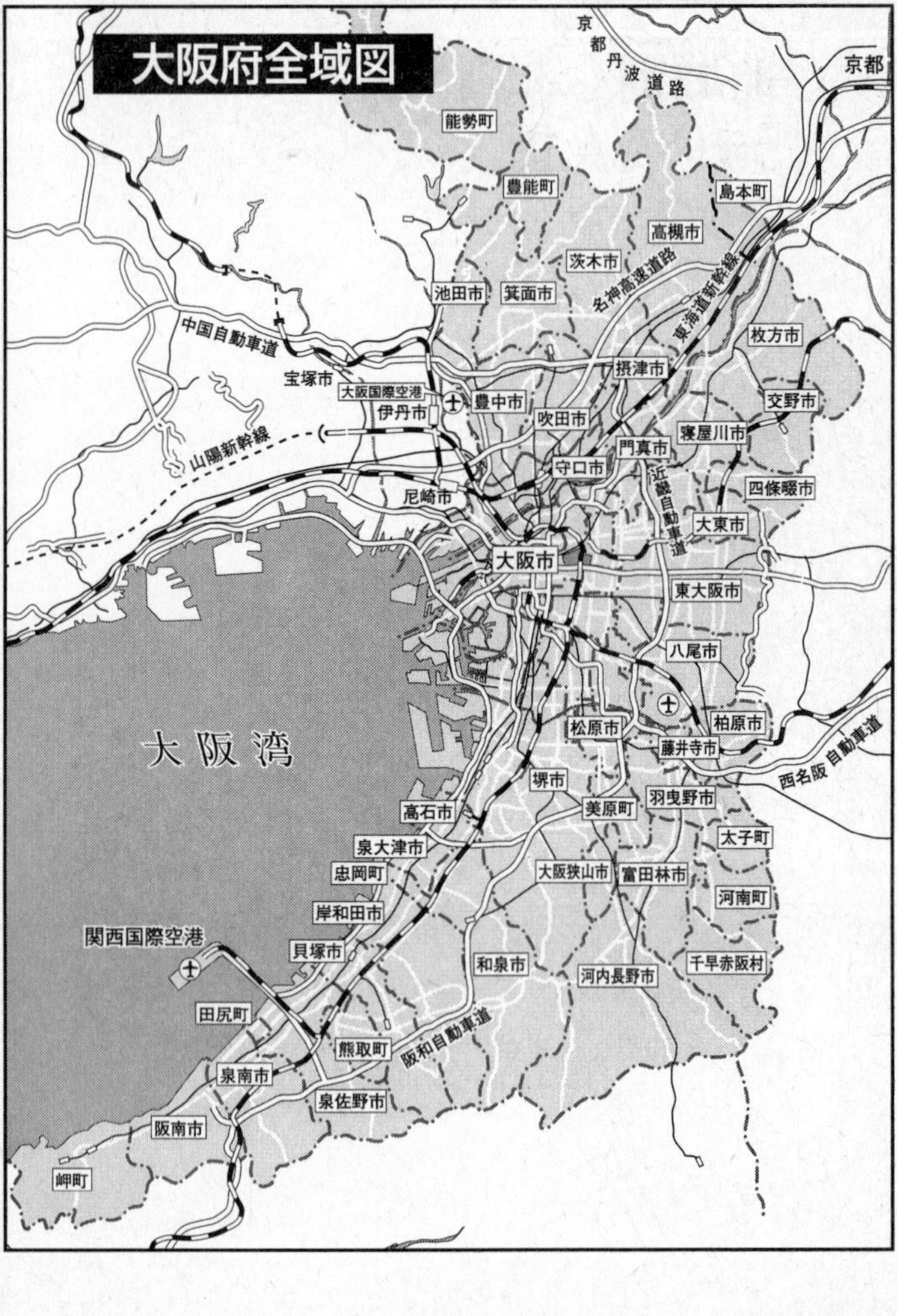
大阪府全域図
京都丹波道路
京都
能勢町
豊能町
島本町
高槻市
茨木市
名神高速道路
東海道新幹線
池田市
箕面市
中国自動車道
枚方市
摂津市
宝塚市
大阪国際空港
豊中市
伊丹市
吹田市
交野市
寝屋川市
山陽新幹線
門真市
守口市
近畿自動車道
四條畷市
尼崎市
大東市
大阪市
東大阪市
八尾市
柏原市
松原市
藤井寺市
西名阪自動車道
大阪湾
堺市
羽曳野市
高石市
美原町
太子町
泉大津市
忠岡町
大阪狭山市
富田林市
河南町
岸和田市
関西国際空港
貝塚市
和泉市
河内長野市
千早赤阪村
田尻町
熊取町
阪和自動車道
泉南市
泉佐野市
阪南市
岬町

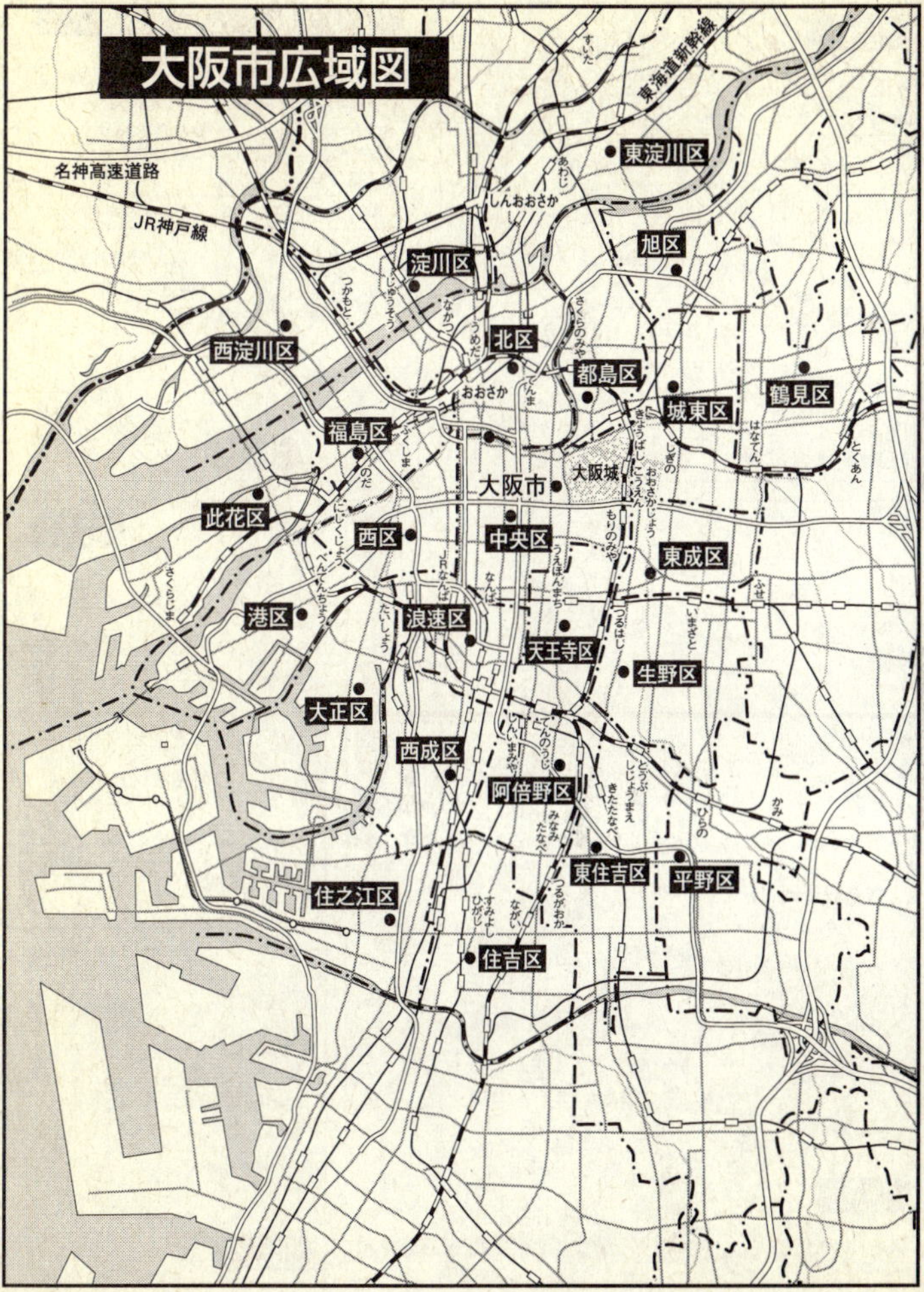
大阪市広域図
名神高速道路
JR神戸線
東海道新幹線
東淀川区
旭区
淀川区
西淀川区
北区
都島区
城東区
鶴見区
福島区
大阪市
大阪城
此花区
西区
中央区
東成区
港区
浪速区
天王寺区
生野区
大正区
西成区
阿倍野区
東住吉区
平野区
住之江区
住吉区
すいた
あわじ
しんおおさか
つかもと
じゅうそう
なかつ
うめだ
さくらのみや
おおさか
てんま
ふくしま
のだ
きょうばし
しぎの
はなてん
とくあん
こうえん
おおさかじょう
もりのみや
にしくじょう
べんてんちょう
さくらじま
JRなんば
なんば
うえほんまち
たいしょう
つるはし
いまざと
ふせ
てんのうじ
しんいまみや
とうぶしじょうまえ
きたたなべ
ひらの
かみ
みなみたなべ
つるがおか
すみよしひがし
ながい

「うまいもん屋」案内図

カンテグランテ(P184)
豆狸(P264)
いか焼き(P267)
きじ(P50)
ポンテベッキオ(P212)
蛸之徹(P34)
うかむ瀬(P164)
ロンドンティールーム(P176)
はがくれ(P247)
喜八洲(P260)
和田八(P264)

※店名の後の数字はそのお店が出てくる本文中のページです

「うまいもん屋」案内図

治兵衛（P104）
カーサリンガ（P208）
ドゥエ・ガッリ（P208）
at ease（P229）
中村屋（P262）
ビランチャ（P208）
チャオルア（P191）
美々卯（P253）
絹笠（P263）

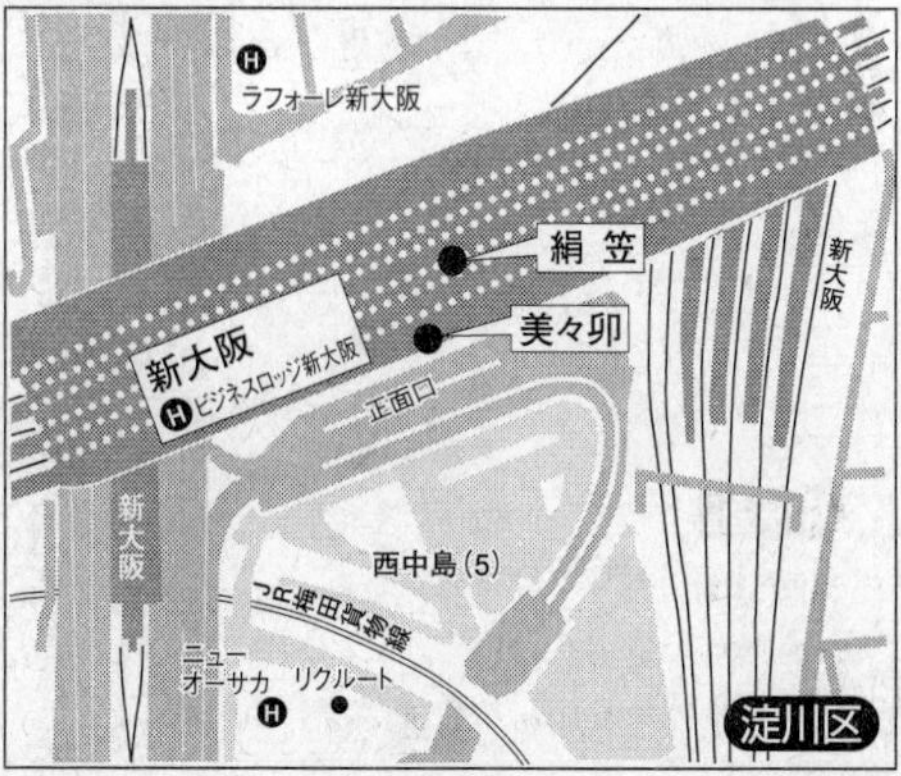

「うまいもん屋」案内図

治兵衛(P104)
にし(P130)
玉一(P134)
スフィーダ アル・チェントロ(P204)
六覺燈(P74)
珉珉(P266)
一芳亭(P265)

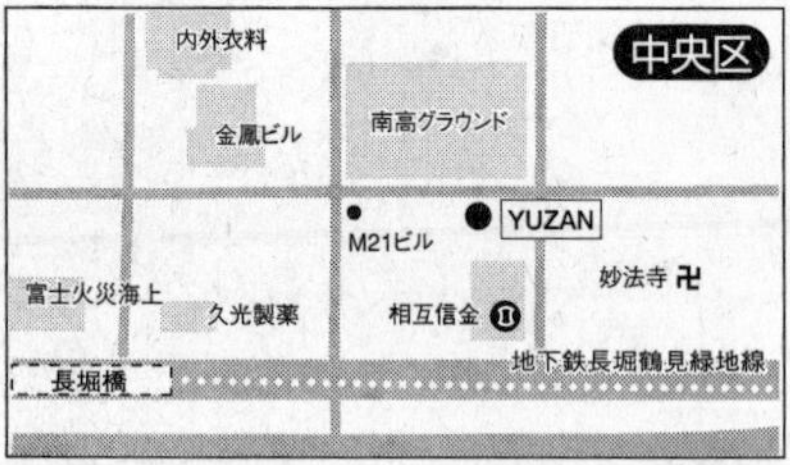

「うまいもん屋」案内図

作一（P152）
SAKANA座（P160）
emme lounge（P227）
O BAR（P232）
パットオブライエン（P260）
YUZAN（P138）
時分時（P58）
NEWS（P180）
西玉水（P114）

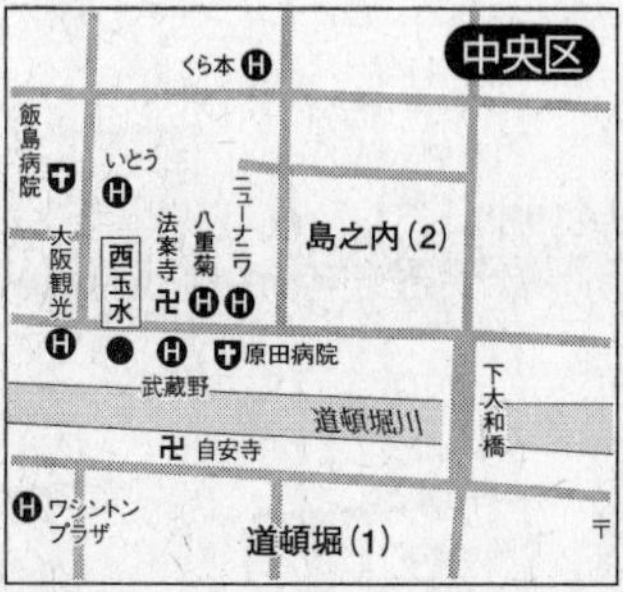

中央区
「うまいもん屋」案内図
甲賀流たこ焼き（P26）
味穂（P30）
たこせん（P38）
三平（P54）
最上（P78）
徳家（P118）
はり重（P142）
えび家（P156）
クレープリー・アルション（P187）
ちるどれん（P224）
今井（P244）
つるとんたん（P250）
北極のアイスキャンデー（P258）
庵月（P259）
ル・アイ（P261）
本二鶴（P262）
大丸スタジオV
ミューズホール
周防町筋
都ファッションビル
庵月
ヨーロッパ村
南グランド会館
東心斎橋（2）
新日本ビル
最上
クイーンズコート
近畿大阪
大和屋
宗右衛門町
メトロザ21
コンビニ
本二鶴
つるとんたん
道頓堀川
相合橋
日本橋
マクドナルド
松竹浪花座
今井
松竹角座
東映
吉野家
ウインズ
道頓堀（1）
三平
地下鉄堺筋線
ワシントンホテルプラザ
法善寺
えび家
徳家
千日前（1）
難波（1）
クレープリー・アルション
南OSプラザ
スバル座
日本橋
地下鉄千日前線
日本橋
近鉄難波線
近鉄日本橋
アムザ1000
マクドナルド
難波（3）
国際シネマ
国際劇場
千日会館
マクドナルド

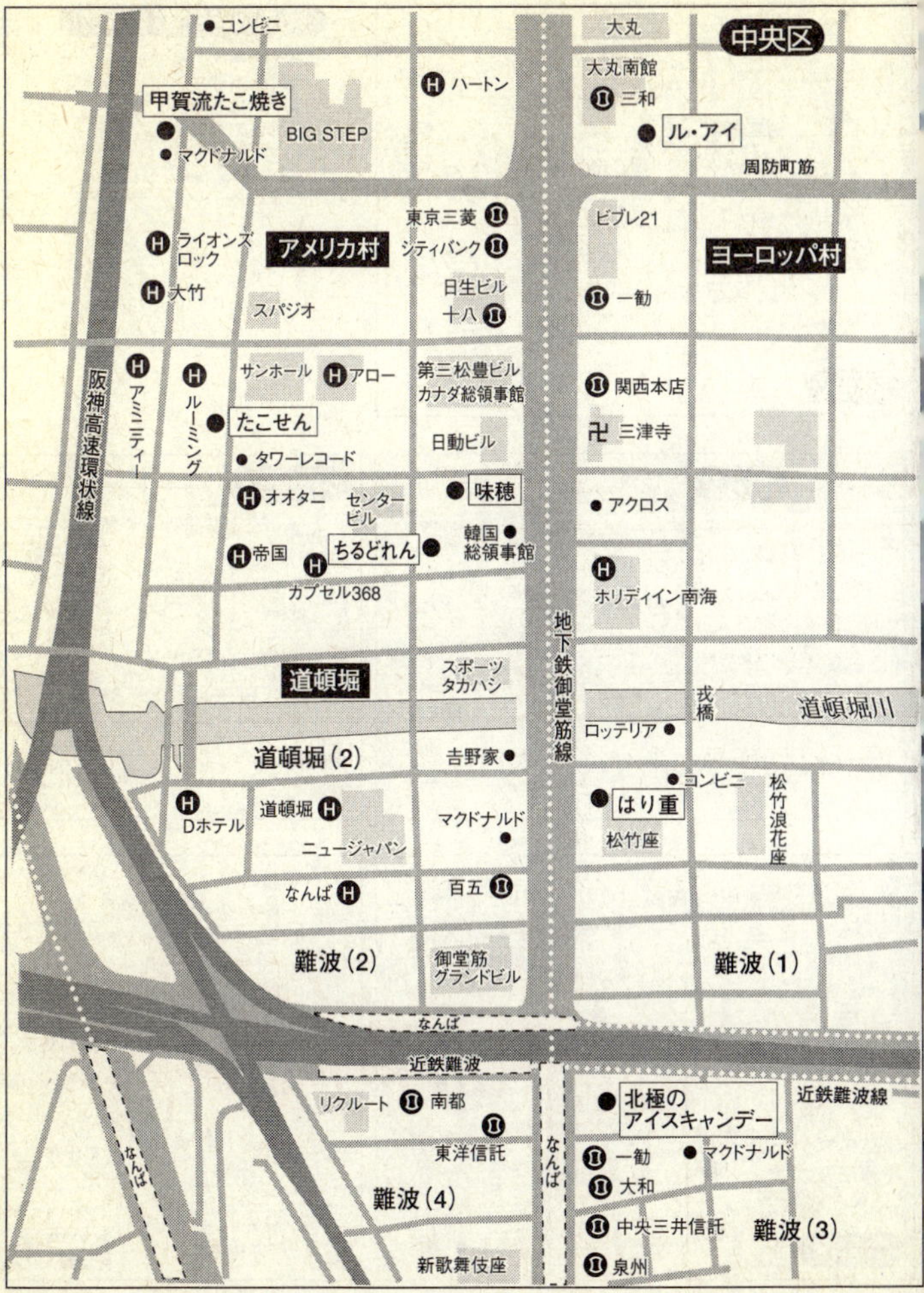
中央区
大丸
大丸南館
三和
ル・アイ
周防町筋
コンビニ
ハートン
甲賀流たこ焼き
BIG STEP
マクドナルド
東京三菱
シティバンク
ビブレ21
ライオンズロック
アメリカ村
ヨーロッパ村
大竹
スパジオ
日生ビル
十八
一勧
阪神高速環状線
アミニティー
ルーミング
サンホール
アロー
第三松豊ビル
カナダ総領事館
関西本店
たこせん
三津寺
日動ビル
タワーレコード
オオタニ
センタービル
味穂
アクロス
韓国総領事館
帝国
ちるどれん
カプセル368
ホリディイン南海
地下鉄御堂筋線
道頓堀
スポーツタカハシ
戎橋
道頓堀川
ロッテリア
道頓堀(2)
吉野家
コンビニ
Dホテル
道頓堀
はり重
松竹浪花座
マクドナルド
松竹座
ニュージャパン
なんば
百五
難波(2)
御堂筋グランドビル
難波(1)
なんば
近鉄難波
近鉄難波線
リクルート
南都
北極のアイスキャンデー
東洋信託
一勧
マクドナルド
なんば
なんば
大和
難波(4)
中央三井信託
難波(3)
新歌舞伎座
泉州

「うまいもん屋」案内図

風の街・風月（P62）
角屋（P258）
串芳（P82）
SMOOCHY（P234）
あじ平（P96）
ふぐ太郎（P100）

知恵の森文庫

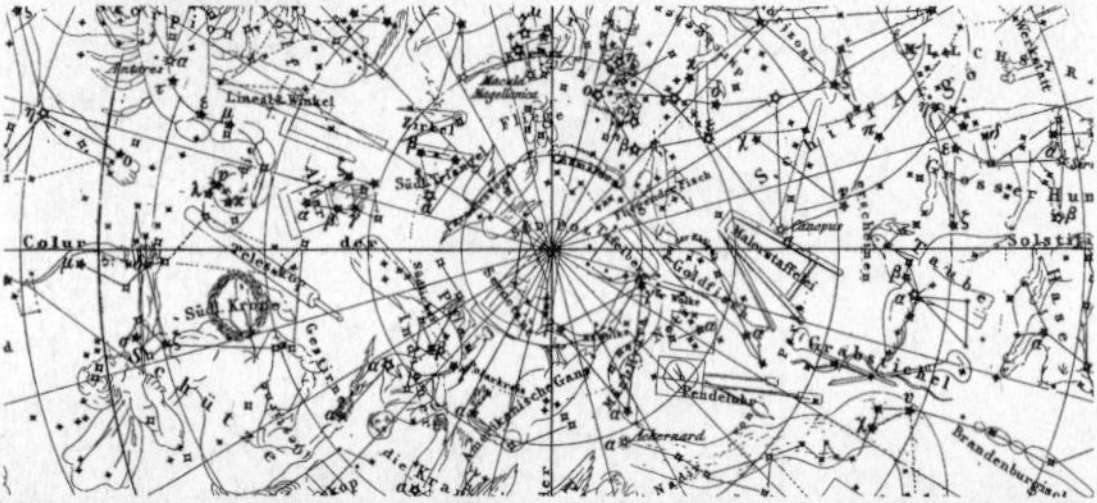

大阪《おおさか》のうまいもん屋《や》 食の楽園徹底ガイド

森《もり》 綾《あや》

2001年8月15日 初版1刷発行

発行者――濱井武
印刷所――慶昌堂印刷
製本所――ナショナル製本
発行所――株式会社光文社
〒112-8011 東京都文京区音羽1-16-6
電話 編集部(03)5395-8149
販売部(03)5395-8113
業務部(03)5395-8125
振替 00160-3-115347

ISBN4-334-78112-8 Printed in Japan

お願い

この本をお読みになって、どんな感想をもたれましたか。「読後の感想」を編集部あてに、お送りください。また最近では、どんな本をお読みになりましたか。これから、どういう本をご希望ですか。

どの本にも一字でも誤植がないようにつとめておりますが、もしお気づきの点がございましたら、お教えください。ご職業、ご年齢などもお書きそえいただければ幸いです。

光文社〈知恵の森文庫〉編集部